はじめに

よく子供の頃、外に出るときは交通事故に遭わないよう気をつけなさいと、注意されたものである。大人になってからも事故に遭わないよう、事故を起こさないようにと職場で繰り返し注意を喚起されている。不幸な事故で大切な命を失うことがないように、私たちはいつも気をつけてきた。

しかし自殺に関してはどうだろうか？　年間の自殺者が交通事故死の四倍を上回るというのに、自殺を予防するための取り組みはこれまでほとんど行われてこなかった。いまだに自殺に関する数多くの誤解や偏見が広く一般にはびこっていて、自殺予防の妨げになっている。

自殺予防教育などの場でも、「自殺する勇気があれば何でもできる」「自殺する自由もある」という意見を耳にすることがある。本当にそうなのだろうかという疑問が、自殺予防のカウンセリングについて考えることになったきっかけである。自殺する人は冷静に判断した結果として死を選んだのだろうか？　著者らはこれまで数多くの自殺の事例や自殺未遂者と関わってきた結果、自殺とは病的な心理状態によって歪められた意志決定の結果であると考えるようになった。自殺とは、自由意志に基づく選択などではなく、強制された死以外のなにものでもないことを日々実感している。

自殺が歪められた意志決定の結果であれば、それは何としてでも防止しなければならない。本書では、「自殺は防止しなければならないものである」という立場で、自殺予防の具体的な方策について考えていく。

現在自殺予防という問題は精神科医療で扱われることが多いが、その効果は十分上がっているとは言えない。精神科医療は自殺予防の主要な部分であるが、全部ではない。そもそも精神科医療にまで乗らないままに、命を絶っている人は数多いのだ。そして、精神科医療以外の専門家もまたそれぞれの立場から自殺予防という問題に取り組まなければならない。なぜなら自殺は人に関わるすべての領域に関係する問題であり、発生した場合の周囲への影響は計りしれないからだ。

心理学を専門とするカウンセラーもまた、その一翼を担う存在であることに間違いはない。現在わが国では医療、福祉、教育、産業などの領域に、多様なカウンセラーが活躍しており、その社会的重要性は日増しに高まりつつある。本書ではそれらのカウンセラーが、自殺予防という問題にどのように取り組まなければならないかについて考えていく。著者が精神科カウンセラーであるため、紹介される事例は精神科におけるものが中心となる。しかし、それらの事例を題材にして、自殺が発生するメカニズムについて知り、自殺を防止するためにカウンセラーが果たすべき役割について考えることは、あらゆる領域のカウンセラーにとって役立つと思われる。現在すでにカウンセラーとして働いている方、これからカウンセラーの道に進もうと思っている方は、自殺予防を身近な問題としてとらえ、カウンセラーとしてどのように関わるべきかについて考えるきっかけにしていただきたい。

またカウンセラー以外の立場で自殺予防に関わっている方にとっても、本書の内容は参考になるものと思われるので、それぞれの立場で役立てていただきたい。

これまでごく一部の領域でしか扱われなかった自殺予防という問題が、本書の発刊によってより広い領域で扱われることを期待している。また多くのカウンセラーがその専門性に磨きをかけ、自殺予防に取り組まれることを心から願っている。

なお、本書で取り上げる事例は著者らが臨床の場で出会い、さまざまなことを教えていただいた、多くの人々とのやり取りに基づいている。しかし、プライバシーを保護する必要があるため、本人と分かるような情報はすべて変えてある。その意味で、本書の中に掲げた事例はすべて架空の人物と考えていただきたい。自殺の危険に追いやられた典型例として理解の一助になればそれで十分に目的を達している。

目　次

第四章 事例

第一章

自殺の実態とカウンセリング

毎年、わが国では三万人を超える自殺が生じている。そして、自殺未遂は少なく見積もっても既遂の一〇倍は起きていると推定されている（二〇倍との推計すらある）。さらに、誰かが自殺未遂や既遂に及んだ場合、その人と強い絆のあった人のうち最低五人は深いこころの傷を負うとされている。このように、自殺は単に死にゆく三万人の人だけの問題にとどまらずに、一年間にわが国だけでも百数十万人にとっての深刻な問題とさえなっている。

自分自身が自殺にまで追い込まれてカウンセリングを求めてくる人もいるだろう。あるいは、実際に自己を傷つける行為に及んで初めて専門的なカウンセリングを受けることになる人もいるだろう。自殺未遂を繰り返す人を心配して家族がカウンセラーに助言を求めてくる場合もあるだろう。さらに、愛する人を不幸な形で亡くしたために、遺族や友人が自殺を思いつめてカウンセラーのもとを訪れてくるかもしれない。

そこで、自殺するかもしれないといった危機的な状況のクライアントが抱えた現実的な問題に向き合う前に、まず本章ではわが国の最近の自殺の実態を概説するとともに、自殺の危険の特徴や、対応の際の原則について焦点を当てていく。

一　最近の自殺の現状

長期にわたる不況下で自殺が増えているという報道に接することが多いのだが、さてその実態とはどのようなものであるのか、見ていくことにしよう。

自殺総数の推移

警察庁が自殺について比較的正確な全国統計をとるようになったのは、第二次世界大戦終了後のことである。そのデータをもとに、過去約半世紀の自殺者総数の変化を図1に示した。最近になるまでは、年間の自殺者総数はおよそ一五〇〇〇人から二五〇〇〇人の間で増減を繰り

図1：年間自殺者総数の推移

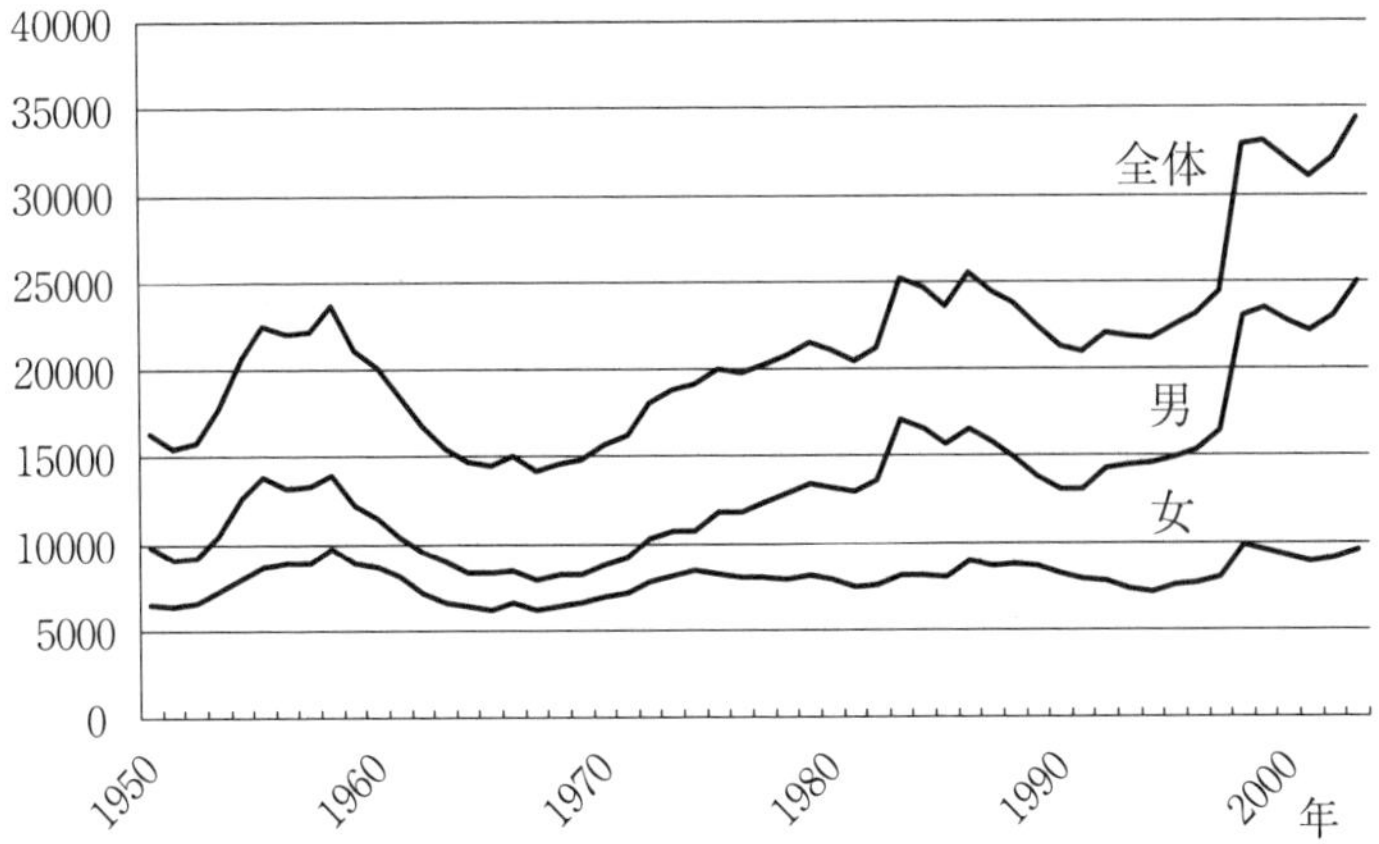

返してきた。

なお、わが国では自殺に対する偏見が強いため、自殺が正確に報告されていない可能性は否定できない。たとえば、交通事故で死亡したとして処理されている人の中には、実際には自殺であった人も少なからず含まれていると考えられる。明らかな決め手がない場合は、しばしば事故として処理されかねない。

そこで、実際の自殺者数は公式に発表されている数よりもはるかに高いと推定されている。しかし、警察庁の発表以外に全国統計がないので、ここではその統計に基づいて説明していく。(なお、自殺に関する全国統計は、厚生労働省と警察庁が発表しているが、前者の数は後者の数を毎年下回っている。家族をよく知っているかかりつけ医〝いわゆるホームドクター〟が死亡診断書に、死因として「自殺」と明記するのを避ける傾向がここにも現れているのだろう。)

従来はわが国の自殺者数は一九五〇年代後半と一九八〇年代半ばに大きなピークを認めていた。そして、一九八六年には自殺者総数が二五五二四人となった。一九八七年以後、自殺者数は徐々に減る傾向にあったが、一九九〇年代末になると急激な増加に転じた。

一九八八年から一九九七年までの一〇年間には、年間平均の自殺者数は二二四一〇人であったのだが、一九九八年にはその数が一挙に一万人以上も増え、三二八六三人となってしまった。そして、それ以来、年間自殺者数三万人台が続いている（本書を執筆している時点で最新のデータは二〇〇三年のものであることを断っておく）。

中高年の自殺の増加

年間自殺者数三万人時代が続いているのだが、この数がいかに緊急な事態であるかは、交通事故の犠牲者数と比べてみると明らかである。交通事故死者は一九七〇年には約一七〇〇〇人であったが、二〇〇三年には八〇〇〇人を割った。したがって、自殺者数は交通事故死者数の四倍以上にものぼる。交通安全教育は幼稚園の頃から繰り返し行われるのに、自殺予防の教育が皆無に近いのは嘆かわしい。

図1から明らかなように、一九九八年に自殺者数が急増した背景には、男性の自殺者の増加があった。なかでも、中高年の男性の自殺が激増したために、長期にわたる不況が自殺急増の原因としてマスメディアはセンセーショナルな報道を繰り広げた。とくに五〇歳代の男性の自殺の増加が著しく、一九九七年に三九六九人であったのが、一九九八年には六一〇三人と、五三・八パーセントも増加した。

また、一九九八年には六五歳以上の高齢者は全人口の約一六パーセントであったが、全自殺者の中に高齢者が占める割合は二五パーセントにものぼった。高齢者が高い自殺率を示す傾向は最近始まったものではなく、永年にわたり一貫して認められている。これは先進国に共通する傾向でもある。わが国は今後も諸外国に比べて高齢人口が急増し、二〇二〇年までには全国民の四人に一人が六五歳以上になるという超高齢化社会を迎える。人口構成の変化を考えると、高齢者の自殺は近い将来も深刻な問題である可能性が高い。

二　自殺のリスクをどう評価するか

次に、どのような人に実際に自殺の危険が高まるのかという点について考えていくことにしよう。

危険因子という言葉を耳にしたことがあるだろうか。たとえば、心筋梗塞の危険因子は比較的広く知られているので、それを用いて説明しよう。心筋梗塞の臨床症状が今のところなかったとしても、何か異常が認められ、そのような異常がない人に比べて、将来心筋梗塞になる危険が大きい場合、この異常を心筋梗塞の危険因子と呼ぶ。具体的には、血清脂質異常、高血圧、喫煙、糖尿病、肥満、若年発症の家族歴、心電図異常、運動不足、ストレス、痛風などが心筋梗塞の危険因子である。心筋梗塞を予防するには、このような危険因子をできるだけ少なくするようにしなければならない。

ごく単純に言えば、自殺の危険因子も同じように考えることができる。心筋梗塞の危険因子は主に身体的な内容であるのだが、自殺の危険因子は、もう少し幅が広く、心理、社会、生物学的なさまざまの要因が含まれている。これから説明するような自殺の危険因子を多く満たす人は、将来、自殺の危険が比較的高いと考える必要がある。このような事柄を検討することで、自殺の危険をまず大きくとらえる。

自殺の危険を判定するのに、さまざまな評価法が用いられるが、そのうちのひとつを紹介する。表1に自殺の危険因子をまとめておいた。もちろん、自殺の危険を評価する時に、個々の人の性格傾向、生育歴、社会適応、葛藤状況、精神症状などを、自殺の危険因子とともに総合的に判断しなければならないことは言うまでもない。

①　自殺未遂歴

第一に、これまでに自殺未遂に及んだことはないかという点を挙げておかなければならない。これまでに自殺を図ったものの、幸い生命を救われた人のおよそ一〇人に一人は、将来、同様の行為を繰り返して、自殺で生命を落とす。「死ぬ、死ぬと言う人間は死なない」とか「本当に覚悟のできている人は失敗するような自殺未遂をしない」いうのは全くの迷信にすぎない。日本の自殺率は人口一〇万人あたり約二七だが、自殺未遂者のうちの一〇人に一人が将来、既遂自殺に終わることを考えると、自殺未遂者が将来、自殺によって生命を落としてしまう危険は単純に計算しても、一般の数百倍も高いことになる。したがって、どのような自殺未遂も深刻に受け止めなければならない。

表１：自殺の危険因子

①	自殺未遂歴	自殺未遂の状況、方法、意図、周囲からの反応などを検討する
②	精神疾患	気分障害（うつ病）、統合失調症、パーソナリティ障害、アルコール依存症、薬物乱用
③	十分なサポートが得られない	未婚者、離婚者、配偶者との離別
④	性別	既遂者：男＞女　　未遂者：女＞男
⑤	年齢	中年と高齢者にピーク
⑥	喪失体験	経済的損失、地位の失墜、病気や外傷、訴訟を起こされるなど
⑦	自殺の家族歴	近親者に自殺者が存在するか？（知人に自殺者を認めるか？）
⑧	事故傾性	事故を防ぐのに必要な措置を不注意にも取らない。慢性疾患に対する予防あるいは医学的な助言を無視する
⑨	独特の性格傾向	未熟・依存的、衝動的、完全主義的、孤立・抑うつ的、反社会的
⑩	児童虐待	身体的、性的、心理的虐待

なるべく早い段階で、自殺の意図、手段、状況などについて十分に情報を得ておく。本人は自分のとった行為がどのような結果をもたらすと考えていたのだろうか？　用いた手段は、確実に死につながる危険の高いものであったか、あるいは誰かが何らかの手を打つ可能性が十分あったのだろうか？　自殺未遂が生じた場所や時間は、綿密に計画されていて、救出されたのは単なる偶然に過ぎなかったか、あるいは最初から助けられるような時や場所を選んでいたのだろうか？　救命されたことについて本人はどのような態度を取っているだろうか？　自殺未遂を通じて主としてその人は誰に何を訴えようとしていたのか？　このような点について、本人の状態が許す限り確実な情報を得ておく。

自殺未遂に用いられた手段

ところが、自殺未遂に関しては、誤った判断を下しかねない危険がいくつかある。

第一に、自殺に用いられた手段がただちに死に結びつく場合は、今後も危険な行動を繰り返す可能性が高く、その反対に、実際に死ぬことができないような方法の場合は、将来、死につながる自殺行動を繰り返す可能性が低いとは、かならずしも言えない点である。本人が自らの行為がどのような結果に結びつくと考えていたかということと、現実的な死の危険との間に隔たりを認めることがしばしばある。たとえば、次のような例があった。

事例 七〇歳、女性（睡眠薬を余分にのんで自殺を図った例）

夫を亡くし、抑うつ的になっていた。仕事一途の夫を支え、子供達の世話をして、人生の大部分を過ごしてきた。すでに子供達は自立し、家庭を築いている。夫の死後、虚しさと寂しさに襲われていた。

後から振り返ると、食欲がない、体重が減る、気分がふさぐ、不安といった典型的なうつ病の症状を認めていたが、本人には精神疾患の自覚はなかった。また、子供達も父親の死から時間がたてば、母親は立ち直るはずと考えていた。

眠れないことだけが辛いと考え、近所の内科医から睡眠薬を処方されていた。内科医はその睡眠薬を毎晩一錠だけ服用するように指示し、けっしてそれ以上服用してはいけないと説明していた。

しかし、抑うつ症状は確実に悪化していき、この女性はあの世の夫のもとに旅立つことを決意した。睡眠薬が五錠あれば、確実に死ぬことができると考えて、遺書を書き、仏壇の前で服薬した。翌朝、たまたま娘が尋ねてきて、母親を発見し、精神科に入院させた。

さて、その睡眠薬は一般によく処方されている副作用の少ない安全な薬だった。医師や看護師ならば、その睡眠薬を五錠一度に服用したところで、実際に死ぬ危険はほとんどないことを知っている。せいぜい翌日の夕方くらいまでぐっすり眠る程度だと判断できる。しかし、医学的な知識のないこのうつ病の女性が、睡眠薬を五錠服用することで確実に死ねると思っていた点こそが重要なのだ。要するに、自殺未遂に用いた手段がどれほど確実に実際の死に結びつくかということよりも、自殺を図った本人がその行為で死ぬことができるとどの程度確信していたかが問題なのだ。死の意図については、客観的な事実ばかりにとらわれずに、主観的な認識についても理解しておかなければならないという好例である。

高い所から飛び降りたり、電車に飛び込んだのだが、奇跡的に助かったような場合、誰もその人が深刻に自殺を考えていたことを疑いはしない。しかし、薬を少し余分にのむ、手首を浅く切るといった行動に及んだ場合、「本当に自殺をするつもりだったのだろうか」「単に周囲を脅かそうとしただけではないか」などと考えられてしまうことはけっしてめずらしくはない。しかし、たとえその場では生命を失うような自傷行為ではなかったとしても、そのような人を長期間フォローアップすると、高率に自殺で命を落とす例が多いことを忘れてはならない。自分を傷つけるという行動に出たという事実自体を真剣に受け止めなければならない。

子どもがインクや画鋲を口に入れるといった行動に及び、周囲の大人は悪ふざけだ位にしか捉えていなかった例がある。しかし、詳しく調べてみると、子どもなりに絶望感に圧倒されていて、死を考えて、そのような行動に及んだという例もある。

未遂直後の感情

自殺未遂に関してもうひとつ注意しておかなければならない点がある。自殺を図った直後の人が抑うつ的で絶望感に打ちひしがれていたり、不安感に圧倒されている場合ばかりではないという点である。

それどころか、外見上は決して抑うつ的には見えないことがしばしばある。生命を救われたことに対してあからさまな敵意を示すような場合は、まだ自殺の意図が誰の目にも明らかなために、問題がはっきりとしている。しかし、本人が自殺の意図を否定し、まるで他人事のように自殺未遂について語ったり、どこか妙に昂揚した気分でいることさえ、実際の場面では珍しくない。

このため治療にあたった医療関係者でさえも、その人の自殺の意図を疑ったり、「狂言自殺」ではないかと考えることさえある。さらに、家族や知人は、専門的な知識も乏しく、自殺未遂が起きたことに対する自分達の自責感を晴らそうとするあまり、本人の死の意図を頑なに打ち消そうとする傾向は医療関係者より一層強い。

そして、医師の判断や家族の希望から、また本人自身の主張から、身体的な治療を済まされただけで退院となり、精神科的な治療を受けないことも多い。とくに自殺未遂の結果、身体的な問題（薬物の多量服用による昏睡や手首の自傷）のために、まず救急病院に未遂者が連れて行かれ、そのような施設には精神科医がいない場合も少なくない。ところが、自殺未遂のために本来の抑うつ症状が一時的に晴れてしまって、短期間だけ軽快するということがあり得る。

自殺を図った人が置かれていた環境、問題を抱えやすい性格、精神症状などに救いの手が差し伸べられないで、身体的な処置だけされて退院し、以前と同様の環境に戻ると、再び自殺の危険が高まってしまう例も多いことを忘れてはならない。自殺未遂の直後に一見して精神的な問題がないような状態になった人でも、自殺未遂によって環境の改善される例は少なく、現状のままかむしろ増悪する例も多い。自殺未遂者を短期間病院に収容し身体的な治療を施行するだけでは、問題の根本的な解決には程遠い。体の治療だけをして、こころのケアをしないままでは、自殺の危険を本当に治療したことにはならない。

したがって、表面的に現われた感情の状態だけで、自殺未遂の深刻さを判定しようとすると、大きな過ちを犯しかねない。たとえ、一見深刻さに欠けているように見えたとしても、自分の身体を傷つけたという事実そのものを重視しなければならない。単なる偶然と思われて、死ぬ危険のそれほど高くない事故のような出来事に直面した場合であっても、それが確実に死を意図した行動ではないとはっきりとわかるまでは、自殺を図った可能性を簡単に否定してはならないのである。

② 精神疾患

欧米では自殺について心理学的剖検という方法でさかんに調査されている。たとえば、ある地域で自殺が起きると、専門家を派遣し、趣旨を説明し、同意を得たうえで調査を実施する。調査に協力してもらえる率は八割から九割と報告されているが、これは日本では考えられないほど高い率である。自殺した人をよく知っている家族や知人に面接し、医療や警察の記録も検討する。このような調査に基づいて、自殺者が生前に抱えていた問題を調べるのだ。

図2に世界保健機関（WHO）が発表した精神疾患と自殺の関係をまとめた。

自殺が議論される場合に、しばしば覚悟の自殺とか理性的な自殺が取り上げられる。周囲の状況を考えると、自殺が起きても仕方がない、予防する手立てがないという自殺があると主張する人がいる。しかし、心理学的剖検による調査をみると、次のような事実が明らかになってくる。精神科診断が認められない例が一割に満たず、残りの九割は何らかの精神科診断に当てはまるというのだ。

さらに、自殺者の大部分が生前に精神科的問題を抱えていたにもかかわら

図2：こころの病と自殺の関係（WHO、2002年）

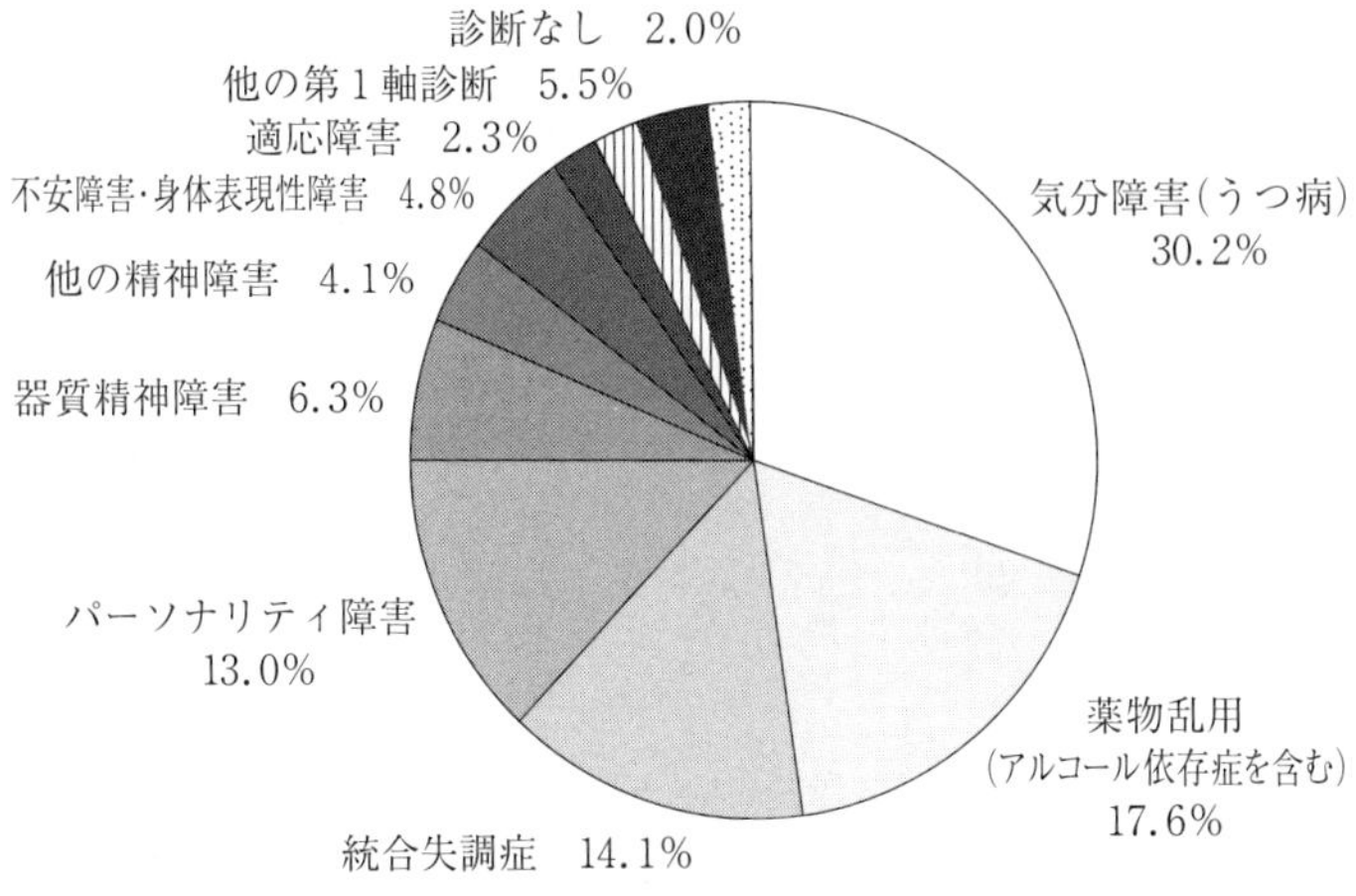

ず、実際に治療を受けていた人は少なく、また、なんらかの治療を受けていた人であっても治療が適切なものではなかった例が圧倒的に多い。

たとえば、うつ病であったのに精神科治療を受けていなかったり、あるいは治療を受けていて抗うつ薬を処方されていても、ごく少量に過ぎず、効果が現われるほどの量でなかった例が多かったと各種の調査が明らかにしている。

したがって、早い段階で精神疾患を診断して、適切な治療が実施できれば、自殺予防の余地はまだかなり残されているというのが精神保健の専門家の共通した認識なのである。WHOによれば、精神疾患を早期に診断し、適切な治療に結びつけることによって、自殺率は最低でも三〇パーセントは減少させることが可能だという。

精神疾患の各項目に関しては、項を改めて解説するが、複数の診断に同時に該当するような場合はさらに自殺の危険が高まることをここでは指摘しておこう。たとえば、うつ病の人が同時にアルコール依存症の診断にも該当するようになった場合、当然のことながら、うつ病だけの人に比べるとさらに自殺の危険は高まってしまう。

③ 十分なサポートが得られない状況

自殺を「孤独の病」であると述べた精神科医がいるほどである。未婚の人、離婚し

コラム 1

男性もまず気楽に相談を

自殺の背後にはしばしばうつ病などのこころの病が隠れています。さて、うつ病になる率は女性のほうが男性よりも約二倍も高いのに、なぜ、自殺は男性に多いのでしょうか？これには生物学的背景と社会的な背景から説明できるでしょう。

生物学的に、男性のほうが衝動性をコントロールする力が弱く、自殺を図ろうとする時に、より危険な方法を用いる傾向が強いのです。さらに、社会的な制約も大きいと考えられます。問題を抱えた時に女性の方がはるかに柔軟な態度を取ることができます。問題を言葉に出して表現したり、他者に助けを求めることに抵抗が少ないのです。まるで女性は、強い風が吹いてきても柳の枝のようにしなやかに対応できます。

対照的に、男性は「人に相談しても仕方がない」「弱音を吐けない」「自分で解決するしかない」といった思い込みが強すぎます。男性は老大木にたとえることもできるのではないでしょうか。最後の最後まで、強風に一人で立ち向かい、頑張り抜いたあげく、幹の真ん中からボッキリと折れてしまう。そんな強さと弱さを兼ね備えているように思えてなりません。

とくに男性に呼びかけたいと思います。手遅れにならないうちに、ぜひ、まず誰かに相談してください。

た人、何らかの理由で配偶者と離別した人、近親者の死亡を最近経験した人の自殺率は、結婚して配偶者のいる人の自殺率よりも約三倍の高さを示す。

また、自殺の危険の高い人でも、家族が全員揃っていて、一見して特に問題がないように見えることがある。しかし、詳しくみていくと、その中でもある特定の人だけが疎外されている状況が明らかになってくる場合がある。

三世代が同居していて、楽しい老後を送っているように見えるものの、多くの家族の中で疎外を感じている高齢者の方が、単身で生活していてもそれなりに充実した日々を送っている人よりも、自殺率が高いと指摘されている。この意味でも、結婚や生活の状態を表面的に検討するばかりでなく、たとえ家族が揃っていたとしても、家族との関わりの質を検討することが重要である。

④ 性別

世界のほとんどの国では、既遂自殺者は女性よりも男性に多い。欧米では、この男女比は三～四対一になる。それとは対照的に自殺未遂者では、男性よりも女性が多い。日本は既遂自殺者の男女比は二・五対一になっている。

最近の調査によると、医師、看護師、研究者、管理職などの専門職についている女性の自殺率は、専業主婦に比較して、自殺率は高く、男性の自殺率に近づくと指摘されている。今後、女性の社会的進出が進んでいき、男性と同等のストレスを受けるようになると、既遂自殺者の男女比にも変化が現われる可能性がある。

⑤ 年齢

かつての日本では、若者と高齢者が高い自殺率を示していた。しかし、最近では、若者の自殺率は欧米に比較してかならずしも非常に高いとはいえない。自殺率が高い年齢層は、五〇歳台の中年と、六五歳以上の高齢者の二つのピークを示している。高齢者の自殺はすでに大きな社会問題となっているが、今後、高齢人口はさらに増加することが予想され、この年代の自殺予防は重要な精神保健の課題であり、早急な対策が必要な段階になっている。

⑥ 喪失体験

喪失体験とは、自分の人生にとって掛け替えのないものを失うことである。それには、さまざまなものがある。たとえば、経済的問題、地位の失墜、病気や怪我、近親者の死亡、訴訟などいくつも挙げることができる。

このような喪失体験が、自殺を図る人にとって、どのような意味を持つかを十分に理解しなければならない。一般的な尺度をそのまま当てはめるだけでは、本人が抱えている悩みを理解できないだろう。

たとえば、自宅で飼っていた犬が年をとって死んでしまうのは家族にとって悲しい出来事である。しかし、幸せな家庭に育っている子供には、すべての生物にはいつかは死が訪れるという事実を学ぶよい機会になるかもしれない。そして、子供は家族に支えられて、可愛がっていたペットの死を克服していくことができるだろう。

しかし、ある老人はペットの犬だけを相手に孤独な生活を送っていた。そのペットが自動車にひかれて死んだために急性に自殺の危険が高まった。このように、表面的には同じように見える喪失体験も、個人個人によって意味が大きく異なることを理解しなければならない。

また、大人には些細なものに見える悩みに若者が苦しんでいる場合もある。そのような場合には、大人は自分をその若者の立場に身をおいて考えてみる必要がある。

さらに、かつて国体級の選手であった中年男性が、急性の心筋梗塞で倒れ、担当医から運動を完全に禁止されたことがあった。しかし、この男性は担当医の指示を守れず、激しい運動や不健康な生活を続けていた。循環器が専門の担当医は、この患者が知能が低い訳でもないのに、どうして指示を守れないのか理解に苦しんだ。結局、この男性は自殺を図り、精神科に紹介されてきた。スポーツに自分の価値を見出して人生を送ってきた患者が完全な安静を強いられる苦痛に対してもう少しこの内科医が理解していたら、自殺未遂は起きなかったかもしれない。

このように、さまざまな喪失体験を個々の人の生活史に照らしあわせて、本人にとってどのような意味を持つのかを知る必要がある。

⑦ 自殺の家族歴

重要な絆のあった家族を自殺で失うという体験は、遺された人自身の自殺の危険さえ高めてしまいかねない。後の章で詳しく扱うことになるが、自殺は、病死や事故死よりもはるかに強烈なメッセージを残すものである。当面は平静に振舞っているように見えた人でも、後に、うつ病、不安障害、PTSD（心的外傷後ストレス障害）などになってしまい、専門的な治療が必要になることさえある。そして、最悪の場合は、遺された人にも自殺の危険が迫ることがある。

なお、若者の場合、家族の自殺ばかりでなく、特別な関係にあった友人の自殺や、有名な歌手や俳優の自殺がきっかけになって、自殺衝動が突然噴出することもあるので、この点についても次のような注意が必要である。

自殺以外にも、家族や精神的に重要なつながりのあった人の死をどのように経験していたかという点についても注意を払う。誰の死を経験し、それはどのような死だったのか、そしてどのようにその死を克服していったのかを理解しておく。病死・事故死・自殺と、死の内容によって、遺された人々に与える影響も大きく変化する。また、亡くなった人との関係の強さによっても、その死の意味は変わってくる。他者の死を受け入れていくうえで、周囲から精神面でのサポートを十分に得られた人とそうでない人では、心理的な打撃の強さも変わってくるだろう。

⑧ 事故頻性

自殺は何の前触れもなく、ある日突然起きるというのではなく、それに先行して、自分自身の安全や健康を守れないという状態が生じてくることが多い。

これを専門的な言葉では事故傾性（accident proneness）と呼んでいる。自殺の直前ばかりでなく、これまでの人生で長年にわたって事故傾性を認める人もいる。すなわち、繰り返す事故が、ある人にとって意識的・無意識的な自己破壊傾向となっている例である。事故を起こす本人にとっても、それは事故以外の何物でもないととらえられていることが多い。これまでにも事故が多い、事故を防ぐのに必要な処置が取れない、慢性の病気に対して予防対策が取れなかったり、医学的な助言を無視する人などについては、自殺の危険がないか注意を払う必要がある。自分の身体の管理にまるで無関心で、必要な処置を取らないことはないか、しばしば取るに足らない怪我で入院したり、職場を欠勤するようなことはないかなどを検討しておく。

それまでは飲酒の問題がなかった人が、酒を飲んで喧嘩をする、酔って自動車を運転して事故を起こすといったことで事故傾性に気づかれる場合もある。

真面目な会社員が突然失踪してしまったような場合にも注意が必要である。こういった事件が起きると、たとえ、幸い本人が発見されても、無断で職場を放棄したといって処分の対象とされたり、退職を迫られることさえある。しかし、うつ病の人が突然失踪したような場合は、それが自殺未遂の代理行為としてとらえなければならない例もしばしば経験する。このような事件が起きた時には、まず専門家による診断につなげるように配慮してほしい。

また、医療の現場では、医師の指示に従えないといった場面でこの問題が出てくることがある。たとえば、糖尿病の患者が、それまではよくコントロールされていたのに、ある時から運動療法、食事療法、薬物療法などにすっかり無関心になってしまうような例である。逆に、インスリンを必要な量の何倍も注射してしまうというようなことも、深刻に受け止める必要がある。

また、腎不全で透析療法を受けていた患者が突然透析を受けなくなってしまったり、腎移植後の患者が免疫抑制剤を急に服用しなくなったような例もあった。このような行動自体が死に結びつきかねない危険な行為であることは誰の目にも明らかだろう。自己の安全を適切に確保することができなくなっている状態には厳重に注意を払わなければならない。

⑨ 性格傾向

さまざまな性格傾向の人に自殺の危険が高まる可能性があるのだが、とくに以下のような性格の人に対する注意が必要である。もちろん、ひとつひとつを取り上げれば、このような性格の人はどこにでもいると反論されそうだが、他の危険因子と組み合わせて判断していく。

未熟・依存的：未熟で依存的な性格で、自分の抱えた問題を自らの能力で十分に解決できない人がいる。とくにこれまで支えられてきた人から見捨てられるような体験を契機として、抑うつや自己破壊傾向を呈することも多い。支えられてきた人とは、家族、知人、同僚や、医療関係者の場合もある。そして、未熟で依存的でありながら、周囲に対して不満を持ちやすく、あるいは他人の怒りを故意に引き出すような傾向のある依存・敵対型の人は、特に自殺の危険に注意する。

衝動的：前述した性格とも関連するが、衝動的で、攻撃性を十分に処理できないタイプである。これまでにも問題を生ずる場面で、衝動行為に及んだことがある人については、その行為の内容や意味に関して確実な情報を得ておく。

完全主義的：自分の価値を本人は極端に低くしかとらえられず、それを克服しようとして、病的なまでの完全主義的傾向を示すタイプである。極端な二者択一の思考法にとらわれ、「白か黒か」、「百点か〇点か」といった思考から自らを解放できず、中間の灰色の部分が受け入れられない。ほんのわずかな失敗もとり返しのつかないような大失敗ととらえ、それが不吉な未来を暗示する呪いのように感じてしまう。必死になって、本来の能力以上の努力を重ねているうちはともかく、それが報われないと、自己の存在の意味をすべて失ってしまいかねないのだ。「百点を取れなければ、合格点を取っても〇点と同じだ」といった考え方をしがちである。優秀な成績を取り続けることが辛うじて家族の愛情を確保しておく唯一の綱になっているように感じている若者は珍しくない。

孤立・抑うつ的：抑うつ的で、引きこもりがちな人の自殺の危険が高いことについては、異論もないだろうが、他の人々とのつながりが希薄で、周囲からは本人の抱えている問題が特に認識されていない人のなかに自殺に走る人たちが存在することがある。このような人に限って、実際に自殺が生ずると、どうして自殺が起こったのか誰にもわからないなどといった意見が周囲の人々から聞かれる。

反社会的：暴行、窃盗、不純異性交遊、暴走族や暴力団への加入といった非行が問題となっている青少年のなかには抑うつ症状や自己破壊傾向が隠されているタイプの人がいる。問題児扱いこそされていても、抑うつ傾向などについては、周囲から全く考慮もされていないタイプである。同じような悩みを抱えた人達との間に絆を保っているうちは、自己破壊行動という形で問題が噴き出すことはないかもしれない。しかし、属していた集団の解体や集団からの追放という場面に直面して、元来の自己破壊傾向が急激に問題となる人も少なくない。特に思春期で反社会的行為を呈する人には、背景にある抑うつ傾向に注意を払うべきである。

反社会的行為が自己破壊傾向と密接に関係することは、成人期以後でも同様に認められる。時に自らの死を故意に招くような犯罪行為が世間の注目を集めるようなことがあるのもその好例と言える。

⑩　児童虐待

幼児期に、肉体的あるいは性的な虐待を受けた経験のある人では、自尊心が健全に発達することが妨げられて、容易に抑うつ的・自己破壊的になりやすく、自殺に傾きやすいという報告が数多くある。虐待をした人が、養父母、義理の兄弟といった場合が多いことから、背景に親の離婚や崩壊家庭といった問題も同時に存在することも多い。

また、必ずしも直接的に虐待を受けていなくても次のような人については注意が必要である。幼小児期に父、母、家族の誰かが重病で入院していたことはないか、仕事で長期的に不在であったことはないかなどという点も把握しておく。すなわち、成長の過程で当然受けなければならない愛情あふれる養育を得られなかったことが、自殺の危険に関連してはいないか考えておかなければならない。

このようにさまざまな自殺の危険因子がある。次に、自殺の危険のきわめて高い初老の男性の具体的例をあげてみよう。

事例　五八歳、男性（きわめて自殺の危険の高い典型例）

三〇歳頃から躁とうつを繰り返しており、入院したことも数回あった。これまでにも三回の自殺未遂も認めている。一〇年前から糖尿病と高血圧症にかかっていたが、通院もほとんどしないで、放置していた。なお、父親もうつ病で、本例の男性が一五歳の時に自殺している。

食堂を経営していたが、一年前に倒産してしまった。酒が入るとしばしば暴力を振るうことが原因となり、離婚している。それ以来、ひとり暮らしを続けていた。知人の経営するレストランを手伝うことになったものの、朝から酒を飲み、勤務態度がよくないために数ヵ月で解雇された。この二ヵ月間、ほとんど眠れず、気分がふさいでいた。何もする気が起きず、一日中酒を飲んで暮らしていた。

ゴミの出し方が悪い、テレビの音が大きいといった些細なことで隣人としばしばトラブルになった。ある朝早く、ガス栓を開き自殺を図り、隣の人に発見され、精神科に入院となった。

この例は、反復性の双極性障害（躁うつ病）、精神科入院歴、繰り返される自殺未遂、初老期の男性、離婚、単身生活、事業の失敗、再就職先からの解雇、アルコール依存症、隣人との再三のトラブル、慢性疾患の放置といった具合に、これまでに述べた危険因子のほとんどを満たしている。この男性が何らかのきっかけでまた同じような行動を起こし、実際に命を失う危険が非常に高いことは一目瞭然である。

ところが、このような人が自殺未遂にまで至る前の段階で、糖尿病、高血圧症、肝機能障害といった問題で内科に受診したり、入院することも珍しくない。しかし、生活史、社会生活での問題点、精神症状などについて検討されていないと、自殺の危険の高い人が適切な治療を何もされずに放置されてしまうことになりかねない。そして、身体的な問題ばかりに注意が払われ、治療の結果、臨床データが改善したからといって、退院を告げられたとたんに、医療従事者には不可解な自殺が内科病棟などで生ずることが時々ある。

要するに、このような問題を抱えた人に対しては心と身体の両方に働きかけていく治療法が必要なのだ。単に身体に対する治療をしただけでは、「飲める身体に戻すだけ」といったことになりかねない。実際に、内科などに入退院を何度も繰り返す人がいることは事実である。

長年の自己破壊傾向も検討する

これまで自殺の危険が高まる可能性のある人をどのように見つけるかについて説明

してきた。しかし、これはあくまでも潜在的な危険を広く拾いあげる手段であることを忘れてはならない。実際には自殺の危険はないのに、自殺の危険が高いと判断してしまう可能性はある。しかし、この問題については、むしろ、自殺の危険を過小評価するよりも過大評価するほうが実害は少ない。「自殺の危険がない」と誤って判断したために取り返しのつかない事態が起きるほうがよほど恐ろしい。

さて、これからさらに一歩踏み込んで、自殺の危険を理解するようにしなければならない。たったひとつのストレスが自殺行動を引き起こすのではなく、自殺の危険の高い人のこれまでの人生を振り返ると、早い時期から長期間にわたって自己破壊傾向を認められる。自殺の危険の高い人の自己破壊傾向を人生の流れのなかで理解するために、精神分析理論をもとに系統的に自殺の危険を理解する方法が重要であると提唱しているのは精神科医のマルツバーガーである。

危険因子も、このように生活史に沿って理解するように努めれば、自殺予防のためにさらに有効なものになるはずである。自殺行動というのは、突発的な予期せぬ出来事ではなくて、生活史のなかで永年にわたって認められる自己破壊傾向の最終的な結末である。自殺行動にまで至らなくても、自己破壊傾向を示すような小さな危機的状況は必ずそれまでにも繰り返し認めていたはずである。その危機的な状況をどのような形で、具体的に誰をあるいは何を支えとして克服できたかを分析することは、今回の危機を乗り越えるうえでも重要な鍵を与えてくれる。このような点を検討しながらクライアントの訴えを受け止めていく必要がある。

たとえまったく同じ種類の癌にかかっている人であっても、ある人は天寿を全うし、またある人は自殺を選ぶかもしれない。重症のうつ病であっても、全ての人が自殺するわけではない。これらの点を理解するうえでも、クライアントの生活史全体をとらえていくという視点が欠かせない。

危険因子を多く満たす症例ほど、自殺の危険が高いことは当然である。しかし、自殺の危険因子を多く満たしている人が必ず自殺するというわけでもない。この危険因子を検討することは、いわば自殺の可能性を検討する第一の関門ということができる。

自殺の直前のサイン

「自殺の直前にはどのようなサインがあるのだろうか?」というのもよく尋ねられる質問である。まず、結論を先に述べると、これまでに説明してきた危険因子を数多く満たしている、潜在的に自殺の危険が高いと考えられる人に何らかの行動の変化が現われたならば、すべてが直前のサインとなり得る。自殺に至るまでには長い道程があり、この準備状態こそが重要である。直前のサインは自殺につながる直接の契機とも言い換えられるが、ほとんどの場合、複雑な準備状態が長年にわたって固定していき、自殺の引き金になる直接の契機はむしろごく些細なものである場合のほうが圧倒的に多い。したがって、自殺直前の出来事だけをとらえて、こんなことで自殺してしまったのかとどうしても納得できない人もいる。最近では子供の自殺が起きると、すぐに「いじめ→自殺」と説明されるが、それまでにその子どもが抱えていた数々の問題を深く探っている例は少ないように思える。

このような点を考慮したうえで、自殺の直前のサインを取り上げてみよう。当然、いくつかの部分で危険因子と重なりあう点がある。自殺に先行して次のようなサインがしばしば認められる。(なお、幼い子供は言葉で説明することはかならずしも得意ではないので、態度に現われる微妙なサインを注意深く取り上げる必要がある。)

自殺をほのめかす:「遠くに行ってしまいたい」、「誰も知っている人がいない所に行きたい」、「眠ったまま、もう二度と目が覚めなければいい」などと自殺をほのめかすことがある。もちろん、はっきりと言葉に出して「死にたい」と言う場合は非常に危険である。また、自殺する場所をあらかじめ下見したりすることで自殺をほのめか

コラム 2

本気で死ぬ気があったのか?

高い建物から飛び降りたり、電車に飛び込んだりしたのに、奇跡的に助かった人が真剣に自殺を考えていたことは、周囲の人もまず疑うことはないでしょう。しかし、薬を数錠のんだり、手首を切った人に対して、周囲の人々は、本当に死ぬ気などなかったのだと考えがちです。「本気で死ぬ気があれば、生き残るはずはない」などと考えがちなのです。ただし、将来、自殺で命を失う危険を予測するサインがいくつも挙げられていますが、その中でも自殺未遂がもっとも危険な出来事です。けっして軽視してはなりません。

これまでに自殺未遂のあった人が、その後も同様の行為を繰り返して、実際に命を落とす確率は、そのような行為を認めない人よりはるかに高いのです。自殺を図ったのではないと思いたい気持ちは理解できますが、けっして軽く考えてはいけません。このような形で自分を傷つけた人も、長期的な経過を見ると、やはり自殺してしまう確率がきわめて高いのです。

もともと抱えていた深刻な悩みに根本的な解決が図られないと、しばらくするとまた不安や抑うつ感が戻ってきてしまいます。そして、再び自分を傷つける行動に出る可能性が高まります。したがって、自傷行為に及んだ人に対しては、ただちに専門家による治療を受けられるように配慮してほしいのです。

す場合もある。

別れの用意をする：大切な持ち物を知人にあげてしまったり、日記や手紙や写真を処分したり、借りていた物を返すなどということが、自殺の準備行為の場合もある。長いこと会っていなかった知人に突然面会に行くことなども認められる。

過度に危険な行為に及ぶ：最近、重大な事故につながるような行動を繰り返す。潜在的な自殺願望を本人自身も自覚していない場合がしばしばあるので、本人が自殺を否定したからといって、自殺の危険がないとはただちに判断することはできない。

突然の態度の変化：次のようなさまざまな態度の変化に注意しなければならない。これまでに関心のあった事柄に対して興味を失う。知人との交際をやめて、引きこもりがちになる。注意が集中できなくなる。いつもなら楽々できるような課題が達成できない。学校や仕事の成績が急に落ちる。学校や会社に通わなくなる。突然、失踪してしまう。不安やイライラが増し、落ち着きがなくなる。気分が変わりやすくなる。投げ遣りな態度が目立つ。（子供の場合）自分より幼い子供や動物を虐待する。自殺にとらわれてしまい、自殺についての文章を書いたり、自殺についての絵を描く。身だしなみを気にしなくなる。健康を含めて、自己管理がおろそかになる。不眠、食欲不振、体重減少をはじめとして、さまざまな身体の不調を訴え始める。アルコールや薬物の乱用が目立つようになる。ギャンブルに大金を注ぎ込む、無謀な株式投資に打って出る、乱れた性行動を始める。

自傷行為に及ぶ：たとえば、手首を浅く切る、薬を数錠服用するといった、実際に死ぬ危険がそれほど高くないと考えられる自傷行為も無視しないで、真剣に受けとめなければならない。ここまで来ると、自殺の危険はかなり緊急度を帯びたものとなっている。

以上のサインはひとつひとつをみると、それほど珍しい行動ではないではないかと考えられるかもしれない。しかし、総合的に判断することが重要であって、そのうえで自殺の危険が強く疑われるならば、ただちに専門家の意見を求めるようにしてほしい。

三　精神疾患と自殺（とくにうつ病に焦点を当てて）

すでに図2で取り上げたように、気分障害（うつ病）、薬物乱用、統合失調症、パーソナリティ障害を初めとするさまざまな精神疾患が自殺と密接に結びついている。

その意味でも、自殺の危険と精神疾患が関係していないか判断しておく必要がある。明らかな精神疾患があるのにもかかわらず、それを見逃していた場合は、法的、倫理的な責任が生じることもあり得る。あまりにも重症の場合は、精神科治療を優先させるか、あるいは精神科治療とカウンセリングを並行して受けるようにクライアントに働きかける必要がある。当然、カウンセラーも精神科医療機関と緊密な連絡を取る必要がある。

すべての精神疾患を解説する紙幅の余裕はないので、とくにうつ病について取り上げる。重症のうつ病では一般人口に比べて、自殺の危険が数十倍も高いことがしばしば指摘されている。うつ病とは、気分・思考・身体のあらゆる面に症状が出る可能性がある。

うつ病には三大症状として、抑うつ気分、精神運動制止、不安焦燥感といった症状が出現する。さらに、自律神経症状を加えて四大症状と呼ぶこともある。

抑うつ気分：気分が沈み、訳もなく涙ぐむ。自己に対する評価が極端に落ち、自信を失い、自分を責める。後悔ばかりしたり、絶望感が強まっていき、死ぬことさえも考えるようになる。

精神運動制止：思考能力が減退し、いつもならば難なくやり遂げられることでも非常に多くのエネルギーが必要になる。なかなか仕事に取りかかれない、仕事に取りかかっても時間ばかりかかって仕上がらない、注意が集中できない、人と会うのが億劫でならないといった訴えもよく耳にする。また、それまでは興味をもっていた趣味に打ち込むことさえできなかったり、決断がつきにくいと感ずる人もいる。

ごく日常的な場面で私たちはいくつもの決断を迫られる場合がある。これは重要な決断ばかりではなく、ごく当たり前の選択である場合もある。ところがうつ病になると、いつもならば容易にできている決断を下すのが難しくなってしまう。「Aと決めようとすると、Bにしておくほうがよいのではないか」と思い「Bに決めようとすると、Aにしておくほうがよいのではないか」という迷いが出て、ごく簡単な決断を下すのにも多くのエネルギーを使い果して、すっかりくたびれきってしまう。

この状態を指して、「私は右足で一生懸命にアクセルを踏んでいるのに、左足でも同じくらいの力でブレーキを踏んでいるので、一向に自動車が前に進んでくれないような感じなのです」と話してくれた人がいた。この言葉は、精神運動制止の状態をとてもよく現わしている。

不安焦燥感：落ち着かず、イライラしている状態である。ひどくなると、じっと座っていたり、横になっていることもできず、部屋中をウロウロと歩き回ったり、髪をかきむしったりする様子で明らかになる。

自律神経症状：一言で言うと、うつ病に現われる身体症状といってもよいだろう。そのなかでも、不眠はほとんどの事例に現われる症状である。いつもよりも早い時間に目が覚めてしまい（早朝覚醒）、周囲に気づかれないような時間に自殺が決行されることがある。また、食欲不振、その結果としての、体重減少もよく認められる症状である。（稀には、過剰な睡眠や体重の増加を示すうつ病の人もいる。）

さらに、およそありとあらゆる身体症状が出現する可能性がある。たとえば、頭重、めまい、目のかすみ、耳鳴り、喉の痛み、声のかすれ、動悸、息苦しさ、腹部膨満感、便秘、下痢、関節の痛み、性欲減退、インポテンス、残尿感、頻尿感、微熱、疲れやすさなど、どのような症状が出てきても不思議ではない。

うつ病にかかっている人もそして家族もこれが心の病気であるとはよもや頭の片隅をかすめることさえない。そこで、病院のいろいろな科を受診して、検査を繰り返されることになるのだが、「異常はありません」と説明されて、済まされてしまいかねない。しかし、身体的な異常がないということを確かめられたというだけであって、残念ながらこれがうつ病の診断にまで結びつくことは少ない。

もちろん、実際に重症の身体の病気が隠れていては困るので、体の異常をチェックしてもらうことは重要である。しかし、検査を繰り返されても、異常が見当らないのに、不調が長引くようならば、うつ病の可能性も念頭において、精神科受診を考えてほしい。とくに、小児や高齢者では、典型的なうつ病の症状が背後に隠れてしまって、前面に身体的な症状が目立つような症例がめずらしくないことに注意を払って、うつ病を診断していく必要がある。

妄想：うつ病も重症になると、妄想が生ずることがある。重症のうつ病では一般人口に比べて、自殺の危険が数十倍も高いことはすでに取り上げたが、うつ病で妄想も認める場合はさらに五倍ほど自殺率が高まってしまうとの報告もある。

妄想とは事実とは異なることを確信していて、事実を突き付けられてもその確信が揺るがない状態のことを言う。そのような事実はないのに次のような心配を執拗に訴えてくる。

「癌になってしまった。あと数ヵ月しかもたない。皆が黙っているのは癌である証拠だ」（心気妄想）

「私ほど罪深い人間はない。家族全員に迷惑をかけている」（罪業妄想）

「全財産を失ってしまった。明日から生活ができない」（貧困妄想）

「私は救いようのない馬鹿だ。生きている価値もない」（微小妄想）

妄想の影響で自分の周囲に起きている出来事を正しくとらえられなくなっているため、同時に自殺願望を認めたような場合には、実際の危険が非常に高くなっていると考えなければならない。

表2に、うつ病の症状を、自分で感じる症状、周りから見てわかる症状、身体に出る症状としてまとめておいた。

アルコールとの関係

アルコール依存症も自殺と強く関係する病気であるが、詳しくは他の成書を参考にしていただきたい。アルコール依存症の診断に該当する人の場合、病死、事

表2：うつ病の症状

自分で感じる症状

憂うつ、気分が重い、気分が沈む、悲しい、イライラする、元気がない、集中力がない、好きなこともやりたくない、細かいことが気になる、大事なことを先送りにする、物事を悪いほうへ考える、決断が下せない、悪いことをしたように感じて自分を責める、死にたくなる、眠れない

周りから見てわかる症状

表情が暗い、涙もろい、反応が遅い、落ち着きがない、飲酒量が増える

身体に出る症状

食欲がない、便秘がち、身体がだるい、疲れやすい、性欲がない、頭痛、動悸、胃の不快感、めまい、喉が渇く

故死、自殺のために、健康人よりも平均寿命が三〇歳も短くなってしまう。

ここでは、うつ病と関連して一部の人に飲酒量が徐々に増加していく傾向について指摘しておく。アルコールは少量服用すると多少気分が持ち上がるような感じがあるのだが、薬理学的には中枢神経系を抑制する作用があり、依存性もある。それまで、とくにアルコールの問題を認めなかった人で、中年になって徐々に飲酒量が増えていく傾向のある人では、背後にうつ病が潜んでいる可能性がある。本人も周囲の人々もうつ病の症状が悪化していくことに気づかない時期に、次第に飲酒量が増加していくことがよく認められる。大量にアルコールを常用しているうちに抑うつ症状が悪化することもしばしば認められるので、飲酒量が徐々に増加していく傾向についても注意を払う。

酩酊している状態で自分の行動をコントロールする力が失われ、自殺行動に出る危険も高まる。酩酊することによって自己破壊行動に及ぶ不安や恐怖感を除いて、命を失うような行動に出る場合が少なくない。また、治療を受けている人では、薬物とアルコールの相互作用の問題も出てくる。著者は、うつ病の治療を受けている間は原則として禁酒するか、あるいは、家族と一緒に少量だけ飲酒するように助言している。

四　自殺の危険の高い人に共通する心理

さて、自殺直前の人の心理を理解しておくことも、予防にとって重要な点である。カウンセラーはこのような危険が迫っている人には共通した次のような心理状態に陥っていることを理解しながら、カウンセリングに臨む必要がある。

①**絶望的なまでの孤立感**：うつ病などの精神疾患のために、最近になって孤立感が急激に増した人もいれば、強い孤独感を幼い時から抱き続けてきた人もいる。家族、友人、同僚など、多くの人々に囲まれていても、自分はたったひとりでだれも頼りにできる人がいない、誰からも愛されていないと確信している。

②**無価値感**：「私は何の価値もない」「生きているだけで皆に迷惑をかけてしまう」「私などいないほうが皆は幸せだ」といった自己の存在を否定する気持ちも非常に強い。また、そのようなメッセージを永年にわたって周囲の人々から繰り返し植え付けられてきたという不幸な人もいる。

③**極度の怒り**：自殺願望に圧倒されている人というのは同時に、特定の他者や世界に対してしばしば非常に強い怒りを抱いている。そして、その怒りが何らかのきっかけ

で突然自身に向けられると自殺の危機が生ずることになりかねない。

④窮状が永遠に続くとの確信：周囲の健康な人にしてみればいくつも解決策が思いつくような状況であったとしても、自分が抱えた難問がどのように努力しても解決など図れずに今後も永遠に続くという妄想的なまでの確信もしばしば認められる。

⑤心理的視野狭窄：前項とも関連するが、客観的にはさまざまな解決策が考えられるにもかかわらず、自らの抱えた問題に対して残された唯一の解決策が自殺しかないというべいわば心理的視野狭窄の状態に陥っている。

⑥諦め：孤立感、怒り、問題に対する解決策などまったくないといった心理的視野狭窄の状態が続いた後、独特の諦めの境地に陥っていく。これまで不安・焦燥感が非常に強かった人が急にこのような状態になると、あまり敏感でない人の目には、むしろ以前よりも落ち着いてよかったと映るかもしれない。しかし、これはいわば「嵐の前の静けさ」「台風の目」といった状態で、自殺の決行を決意してしまったために表面的には落ち着きを取り戻したように見えるだけなのである。

⑦全能の幻想：どのような問題も解決のためには努力が必要だし、時間もかかる。ところが、自殺の危険の高い人にとってある時点を境として、「ただひとつだけ今すぐに自分の手で何とかできることが残されている。それは自ら命を絶つことだ」といっ

た幻想に取りつかれていくことがある。このような状態になると、一刻の猶予も残されていない。直ちに手を打たなければ、実際に自殺が起きてしまう可能性が非常に高い。

以上、自殺の危険の高い人に共通する心理について述べてきたが、このような心理を念頭に置きながら、訴えに耳を傾けていく必要がある。

五　「自殺したい」と打ち明けられたら

この話題は本書の全体で取り上げる内容であるので、ここではその原則を取り上げるにとどめておこう。

クライアントから「生きているのにすっかり疲れてしまった」とか「自殺したい」などと打ち明けられて、どのようにそれに対応したらよいのかすっかり狼狽してしまうような場面が生じることがある。多くのカウンセラーにとって、このような場面での対応法について、何らかの教育をうけたり、正確な情報を与えられたことがないというのが実状であるだろう。対応を誤れば、実際に自殺が起きかねないし、また、適切に対応すれば、クライアントの苦悩に気づき、自殺予防につなげる重要な第一歩になっていく。

① 誰でもよいから打ち明けたのではない

自殺はある日突然に何の前触れもなく起きるというよりは、それに先行して、さまざまなサインが表われてくる。ほとんどの場合、希死念慮は誰かに向かって発せられている。

「死ぬ、死ぬという人間は死なない」と言うのはまったくの誤解である。自殺者の大多数は、最後の行動に及ぶ前に、誰か特定の人を選び出して、自殺にまで追い込まれた絶望的な感情を打ち明けている。その「孤独な魂の叫び」を受け止めることができるかできないかが、自殺予防の成否に直接かかわってくる。

さて、自殺したいという気持ちを打ち明けられたとすると、一般的にはどのような反応が生じるものだろうか。このような場面ではほとんどの人に強い不安が沸き上がる。たとえ、経験豊富なカウンセラーであっても何とも言えない強い不安を覚えるのが一般的である。クライアントの訴えを正面から受け止められる人ばかりではないのが現状である。

ただし、覚えておいてほしいことがある。自殺を打ち明けた人は、誰でもよいから

「自殺したい」と話しかけたのではなく、意識的・無意識的に特定の「誰か」を選び出して、絶望的な気持ちを打ち明けている。打ち明ける相手というのは、誰でもよいわけではけっしてない。その特定の人とは、家族、友人、担当医、これまでに信頼していたカウンセラー、入院中に親切にしてくれた看護スタッフ、あるいは卒業した学校の恩師かもしれない。

自殺しか他に問題の解決法が見当らないと思い込んでしまうような絶望的な状態に置かれた人が、最後に救いを求める叫びを発する相手を必死に選んでいる。これまでの関係から、この人ならば自分の悩みをさらけだしても、きっと真剣に聞いてくれるはずだという必死の思いから打ち明けてきている。

たまたま、あるクライアントが「自殺したい」と打ち明けたように見えても、その人の周囲の多くの人々の中からある特定の人を選び出している。「こんなことを言ったら、馬鹿にされる」、「叱られる」、「頭がおかしいと思われる」などと心配するような相手には、自殺まで思い詰めた絶望的な感情をけっして打ち明けたりはしない。

したがって、何ともいえない強い不安が頭をもたげたとしても、ぜひ、その悩みを正面から受けとめてほしい。深刻な告白を前にして、思わずその場から逃げ出したい衝動に駆られるのは当然の反応である。しかし、ここで対応を誤ってしまうと、クライアントは一度開きかけた心を再び閉ざしてしまい、いよいよ最後の行動を実行に移しかねない。ここがギリギリの介入のチャンスとも言えるのである。

② 生と死の間で揺れ動いている

さて、「自殺したい」と訴えてくるクライアントは一〇〇パーセントその意志が固まっているかというと、著者はそのような人に出会ったことがない。しばしば、自殺しか選択肢がない「理性的な自殺」や「合理的な自殺」などが議論されるが、それは机上の空論に思われてならない。「自殺したい」「死にたい」と訴えてくるクライアントも、実は「死にたい」という気持ちと、「(心の、あるいは身体の)痛みを止めてほしい。もっと生きていたい」という気持ちの間を激しく揺れ動いているのが現実である。

生と死の問題に限らず、人間というのはきわめて複雑な存在であり、ある事柄に関して正反対の感情を同時に抱くことがしばしばある。強い絆のある人に対して、愛憎相半ばする感情を抱くことなども同様の現象である。

「死にたい」という言葉はさまざまな意味を持って発せられている。それは、「苦痛を取り除いてほしい」、「人生をもう一度やり直したい」、「家族に経済的な負担をかけたくない」、「不当な扱いをする社会に対して抵抗したい」、「自分を最後まで見捨てないでほしい」など、それぞれのクライアント、それぞれの状況で、いろいろと異なる意味を持っている。

「自殺したい」と訴える人は、たしかに本人も心底そう思っていても、実は意識的・無意識的に「自分の方を向いてほしい」、「助けてほしい」という真剣な救いを求める叫びも発しているのだ。しばしば「人には死ぬ権利もあるのではないか」、「死にたい人は、死なせたらよいではないか」、「大人が真剣に考えたならば、自殺は予防できない」といった意見が発せられるが、自殺の危険の高い人が生と死に対して両価的な感情を抱いていることを考えてみるべきだろう。

絶望的な気分を打ち明けて、何とか助けてほしいと必死になって患者が訴えかけていることをまず理解する必要がある。

③ 時間をかけて訴えに傾聴する

クライアントが「自殺したい」と打ち明けてきた時は、危機的な状況であると同時に、その悩みを受けとめる絶好の機会でもある。クライアントがポツリと「死にたい」と打ち明けたとしよう。まずはその話題を正面から取り上げてほしいのだ。クライア

コラム 3

酒は百薬の長?

四〇代半ばの会社員が奥さんに連れられて精神科に受診してきました。最近、お酒の量が増えたので、アルコール依存症ではないかと奥さんは心配していました。

しかし、本人から話を聞くと、他にもいくつもの症状が明らかになりました。最近、仕事が思ったように進まなくなってきました。そのうえ、眠れなくなり、食欲も落ちていきました。さらに、仕事に集中できない、簡単な決断も下せないという症状も現れ、とうとう、「私なんかいないほうがいい。皆に迷惑をかけるばかりだ」と考え、死さえも頭をかすめ始めました。

この男性にはうつ病の診断が下されましたが、その自覚はまったくなかったのです。そんな時にアルコールに手を伸ばすというのは、中年の男性にしばしば認められるパターンです。酒を飲めば、気分が晴れると信じている人は多い。このように、うつ病の初期に酒量が増していく人がいます。酒を飲むことで、気分もよくなるし、ぐっすり眠れると多くの人が固く信じています。しかし、これはとんでもない誤解です。アルコールは中枢神経系の働きを抑えてしまいます。その結果、睡眠の質を落とすばかりでなく、うつ病の症状自体も確実に悪化させてしまいます。これまで特にアルコールの問題を抱えていなかった中高年の人が、徐々に酒量が増えるようになったら、その背後にうつ病が隠れていないか注意を払う必要があります。

ントの訴えを聞き流したりしないで、まずは話を聞いてほしい。できる限り時間を取って、クライアントがゆったりと感じ、ありのままの感情を表現できるようにしてほしい。

突然、クライアントから電話がかかってきて、どうしてもその時にカウンセラーが他の仕事のために時間が取れないといったこともあるかもしれない。そのような場合には、なるべく早い時間を具体的に指定して、「○時には確実に時間が取れるのでその時にゆっくり話を聞かせて下さい。それまでは待っていてください」などと言って、話を聞く時間を具体的に決めておく方法もある。何時間もあとでなく、できるだけ近い時間で、なおかつ具体的な時間を指定しておく。ただし、これは次善の策で、できる限りその場で聴く姿勢をまず見せることが必要である。

このようにして、まずは、こちらがクライアントの話を聴くという姿勢を確実に示すことが重要である。そして、時間をかけて、徹底的に聞き役に回るのが最大の原則である。これは簡単なことのように思われるかもしれないが、実は非常に難しい。絶望感がひしひしと伝わってきて、聞き手のほうが不安になってしまい、自殺を思い止まるような何か一言を言ってあげようという気持ちが強まってくるのが普通だろう。カウンセラーというのは、こころの悩みに苦しみ、自ら助けを求めてくる人に対しては献身的に手を差し伸べる。しかし、自らの手で命を絶とうとするようなクライアントを前にすると、すっかり途方に暮れてしまうのはむしろ当然の反応なのである。

慌てずに、時間をかけてクライアントの絶望的な訴えに耳を傾けているうちに、クライアントの側にもカウンセラーの側にも少しずつではあるが心理的な余裕が生まれてくる。さまざまな助言をしたいと思うだろうが、まずは徹底的に聞き役に回る必要がある。

④　沈黙を共有してもよい

「自殺について話してもよいのか。かえって自殺の可能性を高めてしまうのではないか」と心配する人がいる。しかし、これは聞かされている側の不安を表現していることが少なくない。死の願望を訴える人とそれに耳を傾ける人の間に信頼関係があれば、自殺について話をするのはけっして危険ではない。むしろ、言葉に出して自分の感情を明らかにできるように手を差し伸べることで、混乱した状態から少しでも脱することができたり、その人の苦悩を周囲の人に気付いてもらうきっかけになる。

「自殺したい」とクライアントが話し出し、真剣に聴いてもらえるとわかると、堰を切ったように次から次へと悩みを語り続ける人もいれば、ポツリと語った後、次の言葉が出てくるまでにひどく時間がかかる人もいる。後者のほうが対応ははるかに難しい。そうなると、また、何とか励まそうとか、助言を与えようとかいう気持ちがわきあがってくる。

しかし、この沈黙にも耐えて、まずは相手の言い分を聴く。その沈黙の時間をいっしょに過ごすのも一方法である。沈黙にも重要な意味がある。辛くて言葉にもできないという状態をそのまましばらく受け止めてほしい。たとえ黙っていても、「私は今あなたと一緒にここにいる」という感覚がクライアントに伝わるだけでも大きな効果が期待できる。

⑤ してはならないこと

クライアントの死の願望を前にして、カウンセラー自身の強い不安が沸き上がる。ごく一般的な反応は、すぐに自殺以外の話題にそらそうとしたり、表面的な激励をしたり、叱りつけたり、社会的な価値観を押しつけたりしがちである。クライアントが「自殺したい」といっているのに、「今は天気がいいけれど、雨になるようですね」などと応えたりすることさえある。あるいは、なおざりな激励をするかもしれない。「馬鹿なことを言っては駄目」、「命を粗末にしてはいけない」、「自殺は身勝手な行為だ」、

「家族のことも考えて」などといった言葉をかけてしまいがちである。

しかし、ここで、話をはぐらかしたり、批判がましいことを言ったり、当たりさわりのない励ましを言ったり、世間一般の常識を押しつけたりしてしまうのは禁物である。そうすると、その人は二度と胸の内を明かしてくれず、自殺が決行されることになってしまうかもしれない。このような反応は第一段階では禁句と言ってもよい。まず、本人の気持ちをしっかりと受け止めるべきである。

⑥ 悩みを理解しようとする態度を伝える

目の前にいる人がどのような問題を抱えているのか、その問題を本人自身がどのようにとらえているのか、どのような感情に圧倒されているのか、どのように反応しているのか、自殺に追い込まれるようになったのはなぜかなどといった疑問が、話を聴いている側にも湧いてくる。このような点を理解しようとしながら耳を傾けていくのは大切である。かといって、あまりにも急いで質問するのは控えたほうがよい。

傾聴するといっても、ただ聴いているだけではなく、時々、「それはほんとうに大変でしたね」、「すっかり疲れてしまったように見えますよ」、「とても辛い思いをしているのですね」といったごく自然に出てくる反応を、その人の訴えに共感を示すという意味で戻してもよい。そのような一言によって、何とかクライアントの絶望的な悩みを理解しようとする態度を伝えるのである。

また、「……ということは、……というように感じているのですね」といった言葉で、相手の考えや感じ方を整理するように助け舟を出すのもよいだろう。しかし、これもやりすぎは危険である。

さらに、明らかに矛盾している訴えに対しては、「……とも感じているし、同時に、その反対に……とも感じているということですか」などと尋ねて、本人が矛盾に気づくように働きかけることもできる。これも本人が自ら矛盾に気づくことが重要で、言われた事柄を本人が強く否定するようならば、たとえそれが現実を指摘していても、押しつけになってはならない。いずれにしても、その人の主張に徹底的に耳を傾ける姿勢こそが基本である。

⑦ 十分に聴いたうえで他の選択肢を示す

このようにして、クライアントがこれまで長い間、誰にも打ち明けることもできずに、胸の奥にしまっておいた漠然とした感情、それも自殺を決意するまで追いつめられた感情を、ようやく誰か相手を見つけて話すことができたとする。そして、その気持ちを批判されたりしないでありのままに自由に話すことができる雰囲気を経験すると、それだけで本人の心の重荷はかなり軽くなってくる。

言葉で表現することは重要である。それは一般に考えられている以上に大きな役割を果たす。そうすることによって、それまでとらわれ切っていて、まったく出口がないように思われていた問題に多少でも距離を置いて、問題を客観的に捉え、冷静に対処する第一歩になる。

もちろん、自殺の問題はこのようにして、たった一回だけで解決するほど簡単ではない。しかし、これが問題解決への最初の糸口になることを忘れてはならない。このようにすることで、解決への扉が少しだけでも開けられたことになる。

クライアントが十分に話したという感触を抱いた段階に至って、はじめてカウンセラーの意見を伝えてもけっして遅くはない。自殺の危険が高い人というのは、絶望感に圧倒されていて、自殺しか解決策が思い浮かばない状況に追い込まれている。健康な人にしてみれば、いくつも状況を打開するための方法があるように思えるのに、自殺の危険が高い人は一種の心理的な視野狭窄に陥ってしまっている。十分に時間をとってゆったりとした雰囲気の中で、その思いを率直に話し、心の余裕が出てきてから、他の選択肢について話題にするのでなければ、クライアントにはその可能性について考えてみようという姿勢には出られないのである。

⑧ キーパーソンに働きかける

クライアントの訴えに耳を傾けると同時に、その人にとって重要な役割を果たしているキーパーソンは誰かを考えておく必要もある。自殺は「孤独の病」であると言われるほどで、絶対的な孤独の中で生じる。しかし、それでもその絶望的な叫びを向けられているある特定の人物がいるはずである。そのクライアントがある特定の人の言葉ならば比較的素直に聞くことができるかもしれない。そこでクライアントのことをとても心配している人が誰かをよく考えておく。

その人の助けがあればクライアントがもう一度生きていこうと考えたり、クライアントを大切に思ってけっして見捨てるようなことはないという人物を特定して、その人に働きかけていくことも重要である。自殺の危険の高い人はしばしば周囲の人々との絆が弱まってしまっているので、その絆を再び強いものにしていくという視点が大切である。

⑨ 最終的には専門家の治療を

クライアントが訴えてきた自殺願望を、批判を交えずに、中立的な立場で、徹底的に傾聴すると、それだけで自殺の危険は一時的ではあっても多少は軽減してくる。しかし、根本的な問題が解決していなかったり、自殺の危険因子を数多く満たすようなクライアントの場合、カウンセラーだけでその対応をすることに対しては慎重であるべきである。真に自殺の危険の高いクライアントに関しては、精神科医との連携は不可欠である。背景に潜んでいる精神疾患の治療や、必要とあれば入院治療に踏み切るといった判断も迫られる。この点についても、クライアントによく説明しておく。

必死になって自殺願望を打ち明けたクライアントが、他には誰にも知らさないでほしいと言ってくることもある。しかし、自殺の危険に関しては、カウンセラーが単独で受けとめたままにしておくのはあまりにも負担が重すぎる。本人の気持ちを尊重するのは大事だが、最後には適切な援助が得られるように本人に対して真剣に語りかける必要がある。

紹介状をクライアントに渡して、精神科に受診するように指示するだけでは十分ではない。むしろ、これをあまりにも機械的に実施すると、クライアントは信頼していたカウンセラーから見捨てられ、精神病扱いされたと言って、二重の見捨てられ体験ととらえかねない。その結果、「自殺したい」との思いを打ち明けなければよかったと後悔したり、かえって自殺の危険が高まってしまう事態さえ起こり得る。精神科への紹介の必要性を十分に説明するとともに、クライアントにとってのキーパーソンにも確実に精神科へ受診させるように指示する必要がある。

⑩ 陰性の逆転移に注意する

なお、自殺の危険の高い人に働きかけていくカウンセラーが気をつけておかなければならない問題として、陰性の逆転移がある。

自殺の危険が高まる可能性のある人の性格傾向にはすでに解説したようにいくつかタイプがあるのだが、その中でも、とくに依存・敵対型ともいうべき性格傾向の人に対しては細心の注意を払うべきである。この問題について十分に理解していないと、カウンセラーの何気ない一言がきっかけになって、クライアントの自殺行動を誘発することすら起きかねない。

自殺の危険の高い人の中には、たとえば、最近になって発病したうつ病の影響で自己評価が下がってしまっている人もいるが、永年にわたって、深い絆のあった人から見捨てられる体験を繰り返してきたために、自分は生きるに値しない存在であるというメッセージを受け続けてきている人もいる。

そのような性格傾向の人が、本人も意識しないまま、他者を刺激して、自分を見捨てるように繰り返し振る舞うことはけっしてめずらしくはない。そして、カウンセラーに対しても、あえて挑発するような行動に出て、自らを見捨てるように無意識的に振る舞うことすらある。

ひどく依存的で、さまざまな要求をしてくるクライアントがいる。そして、カウンセラーも何とかその要求にできる限り応えようと努力する。しかし、どのように援助の手を差し伸べようとしても、それに対して満足できず、感謝もしないばかりか、要求はどんどん拡大していき、それがかなえられないとなると、強い不満や敵意を示す人がいる。他のクライアントならばごく当たり前に受け入れているカウンセラーの一言に対して理屈攻めにして、カウンセラーを攻撃してきたりすることもある。ほんのわずか気に入らないことがあると、これまで必死で築いてきた信頼関係をクライアントのほうから断ちきってしまおうとすることもある。

そのようなクライアントを前にして、カウンセラーが途方に暮れてしまったり、クライアントから逃げ出したいと思うだけでなく、相手からの挑発に乗ってしまい、逆にクライアントに敵対するような行動を無意識的にとってしまいかねない。

しかし、これでは、見捨てられ体験を生涯にわたって繰り返してきた自殺の危険の高いクライアントが、「やはり、私は生きている価値のない人間だ。誰からも愛されていない」という人生から与えられ続けてきたメッセージを再確認することになりかねない。そして、カウンセラーが何気なく発した一言が、このようなクライアントにとって、最後の行動に及ぶ直接のきっかけにすらなり得るのである。

このようにカウンセラーの側に生じるクライアントに向けられた無意識的な敵意や攻撃性について十分に注意しておかなければならない。そうしないと、きわめて自殺の危険の高い人が「問題の多いクライアント」とのレッテルを貼られただけで済まされてしまい、突然、自殺行動が生じて、カウンセラーが慌てふためくという事態も生じかねない。

この種の過ちをおかさないためには、カウンセラーは定期的にスーパーバイザーに助言を求めたり、同僚との情報交換や症例検討を行なうべきである。

第二章

自殺予防におけるカウンセリング

一　カウンセリングの位置づけ

自殺はうつ病をはじめとするさまざまな精神疾患と密接な関係にある。既遂者の九割が自殺行動に及ぶ直前に、うつ病など治療が必要な状態であったと言われる。精神科医療が自殺予防において最も重要な位置を占めている理由である。精神科医療が自殺予防の全てというわけではないが、治療を必要とする人々を早期に発見して受診に結びつけることで、かなりの自殺を未然に防ぐことができるはずである。

繰り返しになるが、自殺者の多くはその死の直前、うつ病などの病的な状態になっていたと言われる。著者らは平成一三年度から、自殺のポストベンションという活動を行ってきた。ある職場で不幸にして職員の自殺が発生した場合、現場からの要請に基づいて精神科医と心理職からなる二～三名のチームが派遣され、三日間にわたって遺された周囲の人々のケアを行うという活動である。

この活動を通して、著者らはこれまでに一〇〇件を越える自殺の事例に触れてきたが、そのほとんどのケースにおいて自殺に至る過程で、精神科治療が必要な状態を認めた。その期間の長短、症状の軽重はケースによりさまざまであるが、抑うつ状態を主とする病的な状態が存在していることは明らかだと思われる。自殺が起きると多くの場合、原因は借財や職務上の悩みであったと結論づけられるが、実際はそう簡単ではない。ほとんどの場合複雑な要因が絡み合った結果として自殺が起きており、うつ状態などの精神科的問題もその一つとして影響を及ぼしているのである。言い換えれば冷静な状態での、覚悟の自殺はごく一部のケースにすぎず、多くの場合は精神科医療に結びつけることで、未然に防止できる可能性がある。

このような自殺の現状をふまえると、精神科医療が自殺予防の中心的役割を担うのはごく自然なことだと言えるが、それだけでは不十分であることもまた事実である。自殺直前の急性期の対応のみを自殺予防として捉えるのではなく、より広い視野を持って取り組む必要がある。自殺問題を最終的に扱うのは精神科医療であるとしても、自殺は人に関わる全ての領域に関係する問題であるからである。

精神科におけるうつ病の治療は、薬物療法、休養、心理療法が中心になる。希死念慮を伴う急性期のうつ病の場合、自殺を防ぐには入院した上で、それらの治療を行う必要がある。

希死念慮の強い急性期のケースを、カウンセリングのみで対応するのはあまりにも危険である。しかし逆に、薬物療法を中心とする治療だけでは自殺全般に対応するには、その効果が限られてしまう。

現在わが国には医療、福祉、教育、産業など各々の領域で多くのカウンセラーが活動している。心理学を基盤とするカウンセラーは、人間に関わるすべての領域で活動しており、その範囲は精神科医療がカバーするものよりも明らかに広い。

このような幅広い領域の中で、私たちカウンセラーは自殺予防という問題にどのように関わっていけばよいのだろうか。そしてそこで私たちは何をすることができるのかについて、真剣に考える必要がある。

第一章を受けここからは自殺予防カウンセリングというテーマのもと、主として実際に自殺の危険性の高いクライアントを対象としたカウンセリングについて考えていく。しかしながらそれは単に急場しのぎのテクニックというわけではなく、自殺予防のあらゆる段階に対応できるものでなければならない。

カウンセリングを単にクライアントの話をじっくり聴き、支持的に寄り添うことであると理解していると、自殺の危険性が極めて高い急性期において、急場しのぎの役割さえ果たせなくなるだろう。死にたいという思いつめた気持ちを正面から受け止め、寄り添ってくれる人の存在は、確かに自殺を思いとどまる大きな力になる。しかしそれだけではカウンセラーの本当の役割を果たしたことにはならない。もちろん死にたい気持ちを正面から受け止めること自体が、専門的で難しい行為であるけれど、カウンセラーにはそれ以上の役割を果たすことが求められているのである。

そこで本章では自殺予防カウンセリングのあり方を考えるために、あらためて「カウンセリングとは何か」「カウンセラーには何ができるのか」という問題に立ち返って考えることにする。自殺予防という問題のみにとらわれず、幅広くカウンセリング全体について検討する方が、より実際的で効果的な方向性が見えてくると思われるからである。

二　カウンセリングとは

カウンセリングの定義

まずはじめにカウンセリングとは何かについて著者の定義を紹介しておく。

カウンセリングの定義は、定義を試みる学者の数だけあると言われるほど、拠って立つ領域や立場によってさまざまである。著者の定義もまた、キャリアカウンセラーから精神科カウンセラーへと歩んできた経歴の影響を受けていると言える。

著者はカウンセリングを次のように考えている。すなわち、「カウンセリングとは、クライアントとの間に温かく信頼に満ちた関係を築き、その中でクライアントの問題を複雑にしている周囲との関係や、クライアント自身との葛藤にクライアントが気づき、向き合うための援助を行うことをいう。クライアントが望むならば、より建設的な方向での意志決定を行い、問題解決そのものへのプロセスを援助する」と定義している。

信頼関係の構築

以下この定義の要点について詳しく説明していきたい。まず、カウンセリングにおいて、カウンセラーはクライアントとの間に、温かく信頼に満ちた関係を築く努力をしなければならない。ロジャーズもカウンセリングの効果を決定する重要な要素は、クライアントとの人間関係の質であると言っているが、この部分は学派を超えて異論のないところであろう。このような関係の中でこそ、クライアントは安心して自分の考えや感情を率直に表現できる。自分の抱える問題と向き合い、吟味し、そして必要な意志決定をすることができるのである。ここで重要なことはカウンセリングの中で築かれる関係は、カウンセリングという目的のために築かれるものであり、日常生活の中での人間関係とは質が異なるという点である。

日常生活の中では、悩みを持つ身近な人に対して、温かく話しやすい人として接すれば良い。しかしカウンセリングという専門的な関係の中では、様々な問題を抱えたクライアントと、温かく信頼に満ちた関係を築く能力を持っていることが重要である。すなわちカウンセリングの中で築かれる関係は、クライアントの問題解決という目的を持った関係なのである。

周囲との関係

次にカウンセラーは、クライアントが周囲との関係や自身の葛藤に気づき、それと向き合うための援助を行う。クライアントは多くの場合、具体的に抱えている問題そのものについて悩んでいるわけではなく、その問題を取り巻く周囲との関係性ゆえに、悩みを大きくしてしまっている。例えばあるクライアントが一〇万円の借金を抱えていたとしよう。そのクライアントにとってそれほど負担になる金額ではないのに、そのことを妻に言い出すことができないで、悩みを大きくしているような場合を考えてみよう。この場合クライアントを苦しめているのは、一〇万円の借金そのものではない。本来なら悩みにならないはずの問題を、本当の意味での問題にさせているのは、クライアントを取り巻く周囲との関係であると言うことができる。カウンセラーはクライアントが抱える具体的な問題だけに目を奪われず、それをより複雑にしている周囲との関係性について、より理解を深めていく努力を払わなければならない。

　クライアントはある出来事（問題の原因）がどのようにして問題になっていくのか、何がうまくいっていないのかについて考え、そして気づいていく。そしてこのようにしてカウンセラーとの間で、問題を共有し、話し合って解決していくプロセス自体が、本来クライアントの身近なところでその役割を果たす人との関係を構築し、改善していくための練習の場となるのである。先ほどの例で説明すると、自分が置かれている状況についてカウンセラーに話していく過程で、いま自分を苦しめているのは借金そのものではなく、それを妻に隠し続けていることだと気づいていく。

　これまで誰にも言えず自分一人で苦しんできた問題を、たとえ相手がカウンセラーであるとは言え、他人に話すにはかなり強い抵抗があるだろう。この体験はいずれ事実を妻に打ち明けるときの、非常によいリハーサルになる。話の要点、説明の仕方、そして感情をコントロールする方法など、身近な人との関係を築き、悩みを相談する方法を学んでいくのである。

葛藤の処理

またクライアントはカウンセラーに語ると同時に、クライアント自身に対しても語っていく。そのことによってクライアントの内面にある葛藤を解消していくのである。クライアントが葛藤を解消するにはいくつかの方法がある。

さて、その一つは、クライアントが抱えている問題の具体的な解決方法を知ることである。先ほど具体的な問題のみに目を奪われてはいけないと書いたが、それはカウンセラーがそれだけに執着してはいけないということで、決して問題解決が無意味だというのではない。クライアントが自分の問題を話していく過程で、要点が整理整頓され、少しずつ解決策が見えてくることもある。

二つ目はどうすればよいか分かっていたが、二の足を踏んでいたことに対して、それを実行する勇気を得るということである。クライアントの中には自分でもうすうす、「自分はこうするべきだ……」と気づいていながら、なかなかそうできないでいる人がいる。このような場合カウンセラーとの間で構築される、温かく信頼に満ちた関係は、クライアント自身による意志決定を後押しする機能を持つ。

葛藤を解消する三つ目の方法は、混乱の渦中にあるクライアントが情緒的な安定を得ることである。問題を抱え、まさに混乱の渦中にあるクライアントは、どうしようもない絶望感と無力感に圧倒されていることが多い。しかしながらカウンセリングの中で情緒的に落ち着いてくると、抱えている問題を客観的にとらえられるようになってくる。そうするとこれまで絶望的としか思えなかった状況が、実はそれほどどうしようもないことではなかったことに気づき始める。極端な場合情緒的に落ち着くだけで、問題自体は何ら変わらないのに、クライアントにとってはすでに問題ではなくなってくることもある。

以上のようにカウンセリングの中で、クライアントは自分自身に語り、自らの葛藤を解消していく。しかしもちろんカウンセラーがただ聴いていればよいと言うわけではない。クライアントの語る話が、実はクライアント自身にも語られているのだということを、カウンセラーはよく理解しておかなければならない。クライアントのことを理解するために払う努力が、そのままクライアントの自己理解と内省に結びつくのである。

意志決定と問題解決

カウンセラーは、クライアントのより建設的な方向での意志決定を支援する。カウンセリングの終結時点においてカウンセラーは、このカウンセリングがクライアントにとって、どのような意味を持ったのかについて評価する。その際、評価の客観的な基準となるのは、クライアントがどのように変わったか、つまりクライアントがその問題に対して、どのように取り組む決心をしたかということになる。ここで「クライアントが望むならば」としたのは、前述したようにカウンセリングの中で情緒的に安定しただけで、問題が問題でなくなる場合もあるということを指している。問題はそのまま残っていても、クライアントが「そのままでもいい……」と思うのであれば、必ずしも全てを解決しなければいけないわけではないからである。

このようにカウンセラーはクライアントの意志決定を支援するのであるが、それらは全てが、はっきりとした行動化によって確認できるものばかりではない。たとえば、慢性疾患やあまりにも悲惨な体験を持つクライアントの場合、カウンセリングが長期にわたり「意志決定の評価」は非常に難しい。このような場合には、支え続けること自体が、カウンセリングの目的となることもある。ただしこの場合もクライアント側の視点に立てば、「問題を抱えながらも生きる」という意志決定をし続けている、という理解が必要である。

これは著者が精神科で、慢性の精神疾患や希死念慮を持つクライアントと関わる中で徐々に抱き始めた考え方である。以前はこのようなクライアントとのカウンセリングの中で、「本当に自分は役に立っているのだろうか？」という疑問を感じることが多かった。言い換えるとカウンセリングの目的が不明確で、結果を評価することもできなかったのである。カウンセリングが専門的行為である以上、そこには明確な目的と評価基準が不可欠である。それらを持たずただひたすらクライアントに寄り添い、傾聴するだけでは、専門家としてあまりにも無責任であるし、何よりもカウンセラー自身が疲れ果ててしまう。

そこには、カウンセリングによって問題を抱えつつも生きるという意志決定を支えているという理解が必要なのである。

周囲や自己との関係を改善していく過程で、核となる問題そのものの解決をクライアントが望む場合、そのプロセスはカウンセラーによって支援される。どのように支援していくかは、クライアント自身の能力や問題の質によってさまざまである。カウンセラーがただ傾聴しているだけで、自ら解決方法を見つけ出していくクライアントもいるし、情報提供、助言や具体的なトレーニングが必要になる場合もある。ただしこの際カウンセラー自身の価値観が、前面に出てしまわないように注意する必要がある。

コラム 4

一見簡単な相談の背後に深刻な問題が

部下がやってきて上司に「人間関係がうまくいかない。退職したい」と打ち明けました。若いうちにはよくあることだと言い聞かせて、その場は済んだと上司は思っていました。しかし、部下は数日後自殺を図ったのです。そこまで思いつめていたとは正直わからなかったそうです。

自殺まで思いつめている人というのは、ある特定の人を選び出して、絶望的な気持ちを打ち明けています。この人ならば、きっと真剣に話を聴いてくれるはずだと考えて、ある特定の人を選び出しているのです。とはいっても、最初から自殺のような深刻な問題を切り出すことができる人は稀です。まず、ごくありきたりの話から始めるものです。「相談に乗ってほしい」と言ってきたのだから、深刻なことだろうと身構えていると、打ち明けられたほうが肩透かしをくらうような内容だったりすることもあるでしょう。

しかし、そこであまり性急に「こうしろ」「ああしろ」と言わないことが大事です。まず、聞き役に徹してください。これは、カウンセリングの専門家だけに要求される態度ではなく、職場でごく当たり前に身に着けておいてほしいものです。最初のありきたりの相談がひとまず片付いたと感じたら、「ほかに何か困っていることはないのかい？」の一言を付け加えてください。その一言がしばしば、背景に潜んでいる、より深刻な悩みを聴き出すきっかけとなるのです。

クライアントの援助資源

問題解決のための具体的援助を行う場合大切なのは、そのクライアントがどのような援助資源を有しているかについて、しっかりとしたアセスメントを行うことである。援助資源には大きく分けて二つの種類があり、一つは問題解決スキルなど、クライアント自身が持っている内的な資源、二つ目はクライアントの周辺で問題解決に力を貸してくれる、人や物などの外的な資源である。クライアントはどのような資源を持っているのか、その資源のうちの何が使えて、何が使えていないのかを理解する。その上でクライアントがもともと持っている資源を、うまく活用できるようになったり、新たな資源を発掘できるように援助していくのである。

よくカウンセリングでは助言や提案をしないと言われるが、それは単に助言や提案がいけないと言うのではない。できるだけ援助資源獲得の機会を潰さないようにしなければいけないということなのである。

以上、ここでは著者が考えるカウンセリングの定義を紹介した。次に、この定義に基づいて自殺予防のためのカウンセリングについて論じていくことにする。

三　カウンセリングと心理療法

さて、本書のテーマは自殺予防のカウンセリングである。カウンセリング一般に対する定義はすでに紹介したが、カウンセリングと混同されやすい言葉に心理療法がある。両者ともに心理的な専門的援助過程であることは共通しているが、相違点もいくつかある。

ここでは、カウンセリングと心理療法の違いについて整理してみたい。一見本題と無関係のように思われるかも知れないが、自殺予防を目的とした心理臨床的なかかわりを考えるためには、両者の微妙な違いについて明確に整理しておく必要がある。

両者の違いについて一般的には、カウンセリングは健常者を対象とし、心理療法は精神科的な疾患や障害を持つ人を対象とすると説明されることが多い。しかし著者の経験ではクライアントが疾患や障害を持っているかどうかを判断するのはそれほど簡単ではない。

病気かどうかだけでカウンセリングと心理療法を区別しようとすると、ある程度セッションを重ねないと、それがどちらなのかはっきりしないことになってしまい現実的ではない。また病気か健常かを明確に区分することも困難である。仮にどこかで切り分けたとしても、多くの病気はパーソナリティ傾向の典型例として捉えることもできるので、病気か健常かの違いは程度の違いと言うことになってしまう。例えば強迫傾向を訴えるクライアントに関わる場合、カウンセリングも心理療法も内容的には同じことを行っているということになってしまう。

著者としてはむしろ、病気を特別な問題として捉えるのではなく、人間が抱えるさまざまな問題の中の一つとして捉える方が分かりやすいと考えている。

例えば借財という具体的問題を解決するときに法律相談を受けるように、精神疾患という問題を解決するために、精神科を受診する。臨床心理士などが行う心理療法は、このように精神疾患という問題を具体的に解決するための専門的援助活動であると捉えている。

もともとカウンセリングは、産業革命によってもたらされた経済的・社会的変化の中で生み出され、若者たちの職業選択支援をルーツとしている。その後カウンセリングは教育、産業、福祉、医療などさまざまな領域に分かれて発達してきた。しかしながらどの領域を専門とするカウンセリングも、基本的には問題そのものの解決や除去を目指すのではなく、クライアント自身が問題解決に向き合うように、専門的援助を行う点で共通している。

したがって、単にカウンセリングと言うとき、その概念は心理療法よりもさらに裾野の広い意味合いを持ち、単純に比較することはできない。しかし精神科医療という場面に限定すれば、両者を比較することはできる。

ここでは考えを整理するためにあえて極端に単純化するが、著者はうつ病や神経症などの病気そのものを治療するために行う援助を心理療法、そのような病気を抱えながらそれと向き合い、つきあっていくプロセスを支えるための援助をカウンセリングと呼んでいる。もちろん現実にはこの両者は微妙に重なり合うので、厳密に区分できるというわけではない。しかしながら私たちが病気や希死念慮を持つクライアントに関わっていく上で、私たちの援助行為が、いまどのような役割を果たしているのかを理解しておくためにも、このような区分が必要であろう。

自殺予防というはっきりした目的を持つカウンセリングであっても、ケースにはそれぞれ個別性があり、カウンセラーの関わり方もそれぞれに異なる。よってカウンセリングの効果を、ケース間で比較検討することも非常に難しい。

このようにはっきりとした形で目に見えにくい活動であるからこそ、カウンセラーは自分が行う専門的援助活動について、その機能や効果について明確にしておかなければならないのである。

第三章

自殺予防のカウンセリング

さて本章で扱う自殺予防のカウンセリングは、文字通り希死念慮を持つクライアントを対象としたカウンセリングである。前述したとおり自殺は人に関わる全ての領域に関係することであり、それぞれの領域のカウンセラーが取り組まなければならない問題である。

「自殺予防カウンセリング」という独立したカウンセリングの理論があるわけではなく、自殺という特定の問題に関わるカウンセリングの一場面として捉えることができる。多様な領域で活動するカウンセラーが、それぞれ専門とする理論に基づくカウンセリングを行えば良いのである。しかしながら、希死念慮を抱くクライアントと向き合うためには、特別な注意が必要になる。なぜなら希死念慮を理解するのは非常に困難だからである。クライアントの主観の世界を、できるだけありのままに理解していくことがカウンセリングの基本だが、希死念慮を伴うクライアントの心理を理解するのは非常に難しい。カウンセラーは希死念慮が発生する仕組みと、その背景にある複雑な心理状態についてよく理解しておく必要があるのだ。

また希死念慮が周囲の人々に及ぼす心理的影響は計り知れない。特に自殺未遂があった場合には、その影響は極めて大きなものになる。自殺予防に取り組むということは、単に希死念慮を抱くクライアント一人に向き合っていくことではない。クライアントを取り巻く環境全体に働きかけていくということである。自殺予防のカウンセリングを行う場合、以上の点に特に注意する必要がある。

一　自殺予防の三段階

一口に自殺予防といっても、介入の時期によって三つの段階に分けることができる。ここでは自殺予防の三段階に応じたカウンセリングのあり方について検討する。なおこの際、前述したカウンセリングの定義に基づき、一般的なカウンセリングと比較しつつ、自殺予防カウンセリング特有のかかわり方について考察していくことにする。

疾病の予防はしばしば一次予防、二次予防、三次予防の三つに分類される。一次予防とは原因そのものを取り除いて、疾病を予防することを言う。二次予防は疾病の早期発見、早期治療によってできるだけ早期に回復するように援助することである。そして三次予防とは、疾病によって生じた障害をできる限り取り除き、早期の社会復帰を目指すことを言う。

自殺予防の場合はこの概念を当てはめて、プリベンション、インターベンション、ポストベンションという言葉で呼ばれる。(図3)

プリベンション（prevention）は一次予防に対応する段階で、真の意味での自殺予防と言える。自殺の原因となることを取り除き、自殺の発生を未然に防ぐための努力を行うことで、学校や企業での自殺予防教育などがこれにあたる。

インターベンション（intervention）は介入などと訳されるが、今まさに自殺が起きようとしている緊急事態に働きかけて、それを予防することであり、二次予防に対応する。リストカットや大量服薬など自殺未遂が発生したときの治療がこれに当たる。

ポストベンション（postvention）は事後対応と言うことになるが、そのまま三次予防に対応するわけではない。疾病の三次予防の場合は、疾病によって生じた障害を軽減するためのリハビリテーションであるが、自殺の場合は一度起きてしまえば取り返しがつかない。

自殺のポストベンションは不幸にして自殺が起きてしまった後に、遺された人に及ぼす影響を最小限度にするために、心のケアを行うことを指している。

図3：自殺予防の3段階

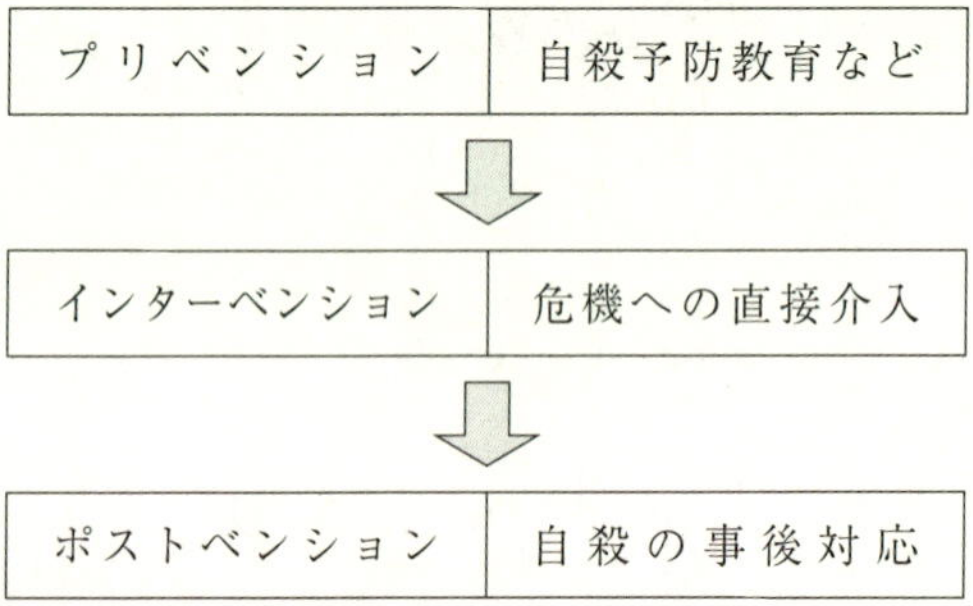

このように自殺予防は三つの段階に分類することができるが、わが国においてはインターベンションが中心で、プリベンションとポストベンションはほとんど行われていないのが現状である。直接自殺を食い止めようとするインターベンションの重要性は説明するまでもない。しかしながらインターベンションはあくまでも緊急事態における介入にすぎないことも事実である。本当の意味でカウンセラーが自殺予防という問題に取り組むためには、プリベンションからポストベンションに至る、全ての場面で適切に対応しなければならないのである。

二　カウンセラーの機能

自殺予防問題に関わらず、カウンセラーが果たすべき役割はカウンセリングを行うことだけではない。カウンセラーはもちろんカウンセリングを行うが、それはカウンセラーが果たすべき機能の一部分であるにすぎない。その他にもアセスメント、心理教育、そしてコンサルテーションなど、カウンセラーの専門性を生かした重要な機能がある。

自殺予防は非常に難しい問題であり、カウンセリングだけで解決できるようなものではない。カウンセラーはそれぞれの機能を十分に発揮して、この難解な問題を総合的に解決していかなければならないのである。

それぞれの段階によって、各機能が占める割合は異なるが、プリベンションからポストベンションに至る自殺予防の各段階において、カウンセラーは上記のすべての機能を発揮していく。ここではそれぞれの段階において、特に重要と思われる機能を取り上げて説明していく。

三　プリベンションにおけるカウンセラーの役割

まずプリベンション段階ではカウンセラーはどのような役割を果たすべきであろうか？　プリベンションは自殺の発生を未然に防止するための活動であり、カウンセラーが専門的に関わる全ての人がその対象であると言える。

例えば病院や相談室で関わる患者やクライアント、企業や学校などで行うメンタルヘルス教育や自殺予防教育の受講者などの全てが対象になる。これらの対象者に対してカウンセラーが果たすべき役割には、アセスメント、カウンセリング、コンサルテーションおよび心理教育などがある。カウンセラーはこれらの専門的活動を通して、自殺を未然に防止するためのあらゆる努力を払う必要があるが、ここでは特にアセスメント、心理教育およびコンサルテーションを重視することにする。

(1) アセスメント

アセスメントとは

アセスメントとは援助の方針を検討するために、クライアントが抱えるさまざまな問題について、情報を収集・分析する一連のプロセスである。ここでアセスメントがプロセスとして捉えられているのは、クライアントとのかかわりの中で継続して行われていくものであることを示している。

一般的なカウンセリングの中で行われるアセスメントに比べて、プリベンションにおけるアセスメントが特別なものであるというわけではない。さまざまな問題を対象とするカウンセリングの中で、継続して自殺の危険を評価していけばよいのである。

希死念慮の確認

しかしながら希死念慮の確認はそれほど簡単なものではない。いくらカウンセラーとクライアントの間に、しっかりとした信頼関係が築かれていても、単刀直入に希死念慮を確認してよいわけではない。カウンセラーはクライアントとの関わりの中で得られるさまざまな情報から、総合的に自殺の危険性を探っていかなければならない。

クライアントによっては何となく全体の雰囲気から、希死念慮を察することができる場合もあるが、そうでない場合も多い。一見すると特に落ち込んだ様子もなく、明るく話している人が、実は非常に強い希死念慮を抱いていることは珍しくない。このように隠された希死念慮の全てを発見することは不可能だが、少しでもその確率を高めるために、自殺の危険性を評価する基準を持っておく必要がある。

ここで例えば自殺の危険因子を例に挙げて考えてみることにしよう。

自殺の危険因子については第一章に詳しく述べられているが、これは心理、社会、生物学的な要因を含むもので、これらの因子を多く満たす人は、将来自殺の危険が高いと考えることができる。これらの要因をどの程度満たすのかを確認することで、自殺の危険性をまずは大きく捉えるのである。これらの項目（自殺の危険因子）を頭の中においておき、チェックリストとして活用するのもよいだろう。

先ほども述べたように一見何ともないクライアントが、強烈な希死念慮を抱いていることもある。クライアントの表情や訴えの内容が穏やかなものであれば、つい自殺の危険性の評価を忘れてしまいがちになるものである。

初回面接などの場面では、情報収集の項目の中に自殺の危険性の確認を入れておけば見落とすことはないし、これらの因子についての質問を行うことで、自殺の危険性についてある程度評価することができる。

しかしながらアセスメントはプロセスであると述べたように、自殺の危険性の評価も継続して行われなければならない。カウンセリングの回数を重ね、クライアントの抱える問題が具体的に見えてくるにつれて、自殺の危険性のことを意外と忘れてしまうこともある。継続して行われるカウンセリングの中で危険因子に関わる情報を見落とすことなく、クライアントの生活史の中で総合的に検討することで、常に自殺の危険性について評価していかなければならない。

例えばうつ病で通院しているクライアントの場合、診断が確定していて症状も安定していると、日常生活における変化については気づきにくいものである。近親者との死別、離婚等によるサポートの欠如、大切なものを失ったり、リストラや人事異動による社会的地位の喪失など、重要な危険因子に関わる出来事が起きていることがある。

しかしながら、クライアントの方もこういった出来事は病気に関係ないと思っているので、わざわざ話さないで終わってしまうこともある。自殺の危険因子はどれか一つでも当てはまれば、必ず自殺が起きるというものではない。しかしながらこの例のように、いくつかの因子が重なって満たされたとき、自殺の危険性は確実に高まっていくと考えた方がよい。

大切なことは、まず自殺の危険性の評価は、クライアントとの関わりの中で、終始継続的に行われなければならないということである。そして次に、それぞれの因子を単独に判断するのではなく、クライアントの長い生活史の中でそれぞれを組み合わせて、総合的に判断しなければならないということなのである。

集団を対象としたアセスメント

また集団を対象とした場合も、同じようなことが言える。集団内の相互関係の質は、そのままサポートの質として捉えることができるし、集団全体にとっての喪失体験や、事故の連続など事故傾性の問題も、個人を対象としたカウンセリングの場合と同じように、危険因子として捉えることができる。

個人を対象とする場合も集団を対象とする場合も、自殺予防は非常に繊細な問題であることに変わりない。だからこそアセスメントは継続して慎重に行わなければならないのである。

例えば二時間程度の自殺予防教育であっても、教育内容に対する対象者の反応をよく観察して、彼らの関心の程度や方向がどこにあるのかを察知して、柔軟に対応していくこともまたアセスメントの一例なのである。現在のカウンセラーは相談室の中で、一対一のカウンセリングだけを行っているわけではない。学校、企業、病院などで多数の人々を対象とした、グループワークや教育の実施を求められることも多い。

自殺予防はメンタルヘルス教育の中で、必ず触れておきたい項目である。ある集団に対して自殺予防教育を行う場合、カウンセラーは教育の効果を高めるためにも、適切なアセスメントを行わなくてはならない。

教育対象があまりにも大きな集団の場合は難しいが、そうでない場合は可能な限り、前述の自殺の危険因子に関する情報を把握しておく必要がある。自殺や自殺未遂の発生頻度、精神科患者の発生率や、現在どの程度の患者を抱えているのかについて事前に調べておく。教育対象者がどの程度自殺という問題を身近に感じているのかによって、教育の進め方が大きく変わってくる。例えばこれまで自殺と無縁の集団であれば、自殺はどこでも起こり得る身近な問題であるということから教育しなければならない。しかし最近自殺や自殺未遂が続いているような集団であれば、今後どのように対応すればいいのかを具体的に教育して、彼らの不安を少しでも取り除いてあげるような教育になるだろう。

(2) プリベンションにおける心理教育

心理教育とは

次にプリベンションにおける心理教育について述べる。心理教育という言葉には、使用される場面によっていくつもの定義があるが、ここではカウンセラーが専門的活動の中で関わる人々に対して、心理学を基盤にした知識や技能を提供することと定義して使用している。

「カウンセリング=受容と共感」というイメージを持っている人には、この教育という言葉は、馴染みにくい感じがするかも知れない。特に自殺予防という非常にデリケートな問題においては、余計にそのように感じることもあるだろう。

自殺予防と心理教育

しかしながら著者は自殺予防に取り組む上で、心理教育の重要性は決して忘れてはならないものであると思っている。前述したアセスメントが効果的に行われるためにも、適切な心理教育が行われていなければならない。たとえば「死にたい」という気持ちが出てきたとき、誰でも「自分はおかしくなってしまった、壊れてしまった」と感じるものである。自分でも何とか頑張らなければいけないと思っているのに、もう

コラム 5

それでも「頑張れ!」と言いますか?

ごく日常的に私たちは「頑張れ!」と言っています。スポーツの試合や入学試験など、自分でも「頑張るぞ!」と思っているときは、それでもよいかもしれません。

しかし、頑張ってもなかなかうまく行かないとき、あるいはもう頑張る元気もないときの「頑張れ!」は結構こたえます。そんな時に「頑張れ!」と言われると、まるで自分が頑張っていないように思えてきます。特にうつ状態の時は「自分はダメだ、努力が足りない」という考えに巻き込まれがちなので、「頑張れ!」はその気持ちを一層追いつめることになりかねません。

では、「頑張れ!」と言う方はそこまで考えて言っているのでしょうか? いえ、多くの場合その言葉の意味や相手に与える影響など考えているわけではありません。ただ何となく使い慣れた言葉として、使っているのでしょう。私たちカウンセラーは主として言葉によってクライアントと関わりを持つわけですから、言葉の使い方についてはより慎重でなければなりません。クライアントにかける言葉には、ひとつ一つそれなりの意味があるはずです。クライアントを勇気づけようとして何気なくかけた「頑張れ!」が、逆にクライアントを傷つけてしまうこともあります。今、この状況のクライアントに「頑張れ!」がどのように受け止められるかを、考える必要があるわけです。

だめだ死んでしまいたいという気持ちに圧倒されそうになってしまう。

こんな時「死にたい気持ちはうつ病の症状として現れるものだ」そしてそれは精神科にかかり、適切な治療を受けることで、よくなるものであることを知っているだけで、クライアントの気持ちに大きなゆとりが生まれるはずである。

著者の場合、カウンセリングの中で少しでも自殺の危険性を感じた場合、必ず希死念慮を確認することにしている。希死念慮すなわち「死にたいと思っていないか？」を確認すると、かえって自殺の危険を高めてしまうのではないかという人もいるが、大抵の場合それはカウンセラー側の抵抗であることが多い。カウンセラーの側に「死にたい」といわれることに対する不安があると、どうしても希死念慮の確認に二の足を踏んでしまいがちである。経験を積んだカウンセラーであっても、面と向かって「死にたい」と言われると強い不安を感じるものである。

しかしカウンセラーは、このような自分自身の心理状態についてもよく理解した上で、クライアントの希死念慮に適切に対応しなければならないのである。当然、希死念慮の確認には細心の配慮が必要である。先にも述べたように、クライアントは死にたい気持ちを認めたがらないものである。実際には死んでしまいたい気持ちに圧倒されながらも、自分がそんな状態にあることを認めることができない、だからこそ余計に苦しむのである。このようなクライアントの気持ちにうまく配慮して、安心して「死にたいくらい辛い気持ち」を表現させてあげるのである。

例えば著者の場合は、「かなり苦しい状態が続いているようですね、それくらい苦しい状態が続くと、『もう死んでしまいたい』と思うことも多いのですがどうでしょうか？」「うつ病の症状として『死にたい』気持ちがでてくることはよくあることなのですが、そういった気持ちになったことはありませんか？」などと問いかけている。仮にこの時点で希死念慮が否定されたとしても、今後症状が悪化したり思いつめたりしたときに、「死にたい気持ち」が現れても、決してそれは異常なことではない、ということを説明しておく。そしてそのような気持ちになったときは、決して一人で悩まず必ず相談するように伝えておくのである。

自殺予防教育

集団を対象にした心理教育においても同様のことが言える。自殺予防教育を行うとき、あらかじめ「死にたい気持ち」は、誰にでも現れる可能性があることを伝える必要がある。うつ状態がひどくなると「死にたい気持ち」が現れるのはごく自然なことであり、決してそれは精神力の弱さを表すものではないことを伝えておく。その上でうつ状態は適切な治療を受けると快復することを説明し、近場にある専門機関を紹介しておくのである。

集団を対象にした自殺予防教育は、まさにそのものが集団に対する心理教育と言える。さて、カウンセラーがある集団に対して自殺予防教育を実施してほしいと依頼されたとしたら、どのような教育を行えばよいだろうか？

すでに述べたようにこれからのカウンセラーは、一対一のカウンセリングだけではなく、グループワークや教育などさまざまなニーズに応えていかなければならない。しかしながらわが国では、このような教育はまだまだ一般的には行われていないため、多くのカウンセラーは一体どのような教育を行えばよいのか、戸惑ってしまうのではないだろうか？　著者が知る限りでも、組織に対して専門家による自殺予防教育が行われるケースはごくわずかである。中には現場の管理者が必要性を感じて自殺予防教育を行なっている場合もあるが、ややもするとそれらの教育は命の大切さを繰り返し説いたり、自殺が遺された人にどれだけ迷惑をかけるかについて説明するだけになってしまうことが多い。

なんとかして自殺を防止したいという思いはよく分かるのだが、これでは死にたいくらい追いつめられている人の気持ちを、さらに追いつめてしまう可能性がある。誰しも健康なときには死のうと思わない、しかしさまざまな問題を抱え、本当に追いつめられたとき、自分でもどうしようもなく死にたい気持ちが現れるのである。このような自殺に至る心理状態と、そのメカニズムをよく理解しておかなければ、せっかくの自殺予防教育が裏目に出てしまいかねないのである。

ここで著者らが行っている自殺予防教育について紹介するので、参考にしていただきたい。自殺予防教育における主要な項目は、自殺予防への動機づけ、自殺についての正しい知識、兆候の発見と適切な対応、家族や専門機関との連携等である。

自殺予防への動機づけ

自殺予防教育を行うにあたって、まず重要となるのは、いかに自殺予防という問題に関心を持たせるかということである。自殺予防が重要であることは分かっていても、それが自分や職場に無関係な問題だと捉えられている限り、教育の効果は現れない。自殺は誰にでも関係のある身近な問題であること、そしてそれが身近なところで発生した場合、周囲が非常に大きな影響を受けるということを説明する。

わが国での自殺発生件数や、所属する組織やその地域での、自殺に関する統計資料を使って説明するのも効果的だろう。また職場の管理者に対しては、自殺予防の狙いは単に死にゆく人一人を救うだけではなく、職場全体に広がる影響を防止することなのだということを伝えなければならない。

自殺についての正しい知識

次に自殺についての正しい知識を伝えていく。世の中には自殺に関するたくさんの誤解が氾濫している。「死にたいという人に限って死なないものだ」「自殺をする人は精神病だ、心の弱い人だ」「死ぬのは勝手、死なせてあげれば良い」など枚挙にいとまがない。これらの誤解が広くはびこっている背景には、いまだに自殺は人生から逃げることであり、恥ずべきことであるという考え方と、自殺そのものをタブー視して、真剣に考えようとしない姿勢がある。

自殺に至る心理状態については第一章に述べられているが、まずはこれを分かりやすく説明しなければならない。たとえば自殺は単一の原因で起きるのではなく、多くの要因が複雑に絡み合って起きると言うことや、その時の心理状態は非常に複雑で、生きたい気持ちと死にたい気持ちが、最後までせめぎ合っているということを理解してもらうのである。それらのことを理解してもらえると、なぜ自殺を防ぐ努力をしなければいけないのかについても理解できるようになってくるのである。

教育を受ける側には、自殺問題そのものに対する抵抗があるため、初めはかなり戸惑うこともある。しかし根気よく説明していけば少しずつ理解してもらえるし、真剣に取り組んでもらえるようになってくる。なぜならこれまでは直視されなかっただけで、学校や企業など組織の現場では、すぐに取り組むべき問題として、危機感を持っていることが多いからである。

兆候の発見と適切な対応

自殺予防教育に含ませるべき項目の三つめは、兆候の発見と適切な対応要領についてである。自殺の兆候については、すでに第一章で詳しく述べられているが、これらはどれも「あとで思えばそんなこともあった」と言える程度のものも少なくない。自殺の兆候をいくら詳しく具体的に教えたとしても、実際にはさほど効果が上がるわけではない。もちろん「死にたい」というような直接的な自殺のサインが出される場合もあるが、大抵は日常生活の中でのちょっとした変化であることが多い。

むしろ自殺の兆候の発見については、具体的な兆候についていくつも説明するより、日常生活の中でのちょっとした変化に気づくことの重要性について説く方がよい。日常生活の中でのちょっとした変化に気づくためには、自殺に至る心理状態の変化や、うつ病などの精神疾患の症状についても、よく理解しておく必要がある。自分自身や、あるいは学校や職場の同僚に、「あれっ?」と感じるような変化が現れたときに、それに気づくことができるような知識が必要である。

著者らは自殺のポストベンション活動を通して、多くの遺された人々の話を聞いてきた。自殺直前の様子を聞いていると、明らかにうつ病の典型的な症状として捉えられるようなエピソードが、そのまま見過ごされていることが多い。第一章に述べられているようなうつ病のさまざまな症状について、ある程度の知識を持っていれば、兆候を早期に発見することができるのである。

しかしながらうつ病の発症は、罹患している本人にはなかなか気づくことができないものである。「最近どうも体の調子が悪い、やる気が起きない」と思いながらも、同時に「こんなことではだめだ、しっかりしなければ」とさらに自分を追い込んでいくことが多い。

著者らはここまで希死念慮が発生する背景に、うつ病などの精神疾患が隠されていると説明してきたが、あまりにもうつ病を重視する姿勢に疑問を感じた人も多いのではないだろうか。しかし著者らが希死念慮の背景にうつ病を想定するのには理由がある。

著者らは普段の臨床活動の傍ら、多くの職場を巡回してメンタルヘルス教育を行ってきた。それらの体験を通して著者が感じたことは、一般の人にとって精神疾患を理解するということがいかに難しいかということであった。一口に「うつ」といっても、その原因としてうつ病、統合失調症などの精神疾患、ストレスによるものから身体的な疾病によるものまで、さまざまな可能性が考えられる。精神科医療の現場で働くカウンセラーにとっては当然のことだが、一般の人にとっては非常に理解しがたいことなのだ。うつ病ひとつにしても、それがどのような病気なのかを理解してもらうのは至難の業である。その上さらに統合失調症、アルコール依存症、適応障害、パーソナリティ障害など、その他の問題まで理解してもらおうとすると、それはもう不可能に近い。

専門的な視点から見るとうつ病と神経症では、その対応には違いがあって当然だが、一般の人にそこまで求めることはおそらく無理だと思われる。

よって著者らは一般の人に自殺予防教育を行う場合、代表的な例としてうつ病を紹介するのである。うつ病に関する知識をもっていれば、日常生活の中で自分自身や身近な人の心身の異常に気づきやすくなるはずである。そのような異常に気づきさえすれば、専門家に相談することもできる。それがうつ病なのか神経症なのかということよりも、異常があればまず専門家に相談してみるということが重要なのである。

繰り返すが自殺の兆候を発見するためには、当事者自身が心身の異常に気づくこと と、周囲の人々がその人のちょっとした異常に気づくことが重要である。学校や職場での人間関係の希薄さが指摘される昨今、メンバー間のコミュニケーションも表面的になりがちである。メンバーが相互にちょっとした様子の変化に気づきあうためには、日頃の組織内におけるコミュニケーションのあり方から検討する必要があるのかもしれない。

次に、自殺の兆候を察知したならば、適切な対応をしなければならない。周囲の人が何となく異常に気づいていながら、結局自殺を防げなかったというケースは多い。このようなケースでは遺された人々が強い自責感を抱き、長い間苦しむことになる。

日常生活の中でいつものその人らしくない表情や言動の変化など、ちょっとした異常に気づいたとき、迷わず「どうしたの、どこか具合でも悪いの?」と気軽に声をかけることができる雰囲気を大切にしたい。自殺の兆候が少しでも感じられたなら、決して躊躇してはいけないのである。第一章の「自殺したいと打ち明けられたら」の項で述べたように、自殺の兆候は今まさに命を絶とうとしている人の、最後の叫びであることが多い。「大丈夫だろう」「まさか死んだりしないだろう」という一瞬の躊躇が、取り返しのつかない結果と後悔につながるのである。繰り返すが、自殺の危険性を少しでも感じたときは、決して躊躇してはいけない。「どうしたの？」と声をかけてみた結果、本当に何ともなければそれでよい、空振りを恐れない姿勢が大切なのである。

一般の人々が自殺の兆候を認めた場合の対応として、もう一つ大切なことは決して自分一人で抱え込まないということである。経験のあるカウンセラーでも希死念慮に向き合うのは大変なことである。自殺の危険性に気づきながらも、本人から「大丈夫ですよ」と言われると、「まさか本当に死んだりしないだろう」とか「しばらく様子を見よう」と思ってしまいがちなのである。自殺の危険性を感じたときは決して躊躇せず声をかけ、時間をかけて苦しい思いに耳を傾ける。そして最終的には必ずカウンセラーや精神科などの専門家に紹介することが重要である。自殺という問題は、身近な人がたった一人で抱えていくには、あまりにも重すぎる問題なのである。

家族や専門機関との連携

そして自殺予防教育の最後の項目は、家族や専門機関との連携である。すでに述べたように自殺の危険性を感じたときは、必ず専門家に相談しなければならない。しかしながら専門家に相談すれば、それで問題が解決するというわけではない。一時的に精神科に入院するような場合もあるかもしれないが、その後は再び自殺の危険性と隣り合わせの期間が続くのである。そのような時期にどのようにして関わっていけばいいのか分からず、職場や学校などの組織でも対応に苦心することになるだろう。

このような場合、職場や学校の責任者は、カウンセラーや精神科医と緊密に連携していくことが望ましい。もちろんカウンセラーや精神科医には守秘義務があるので、情報提供には限界もあるが、自宅療養や、現場復帰の段階で気をつけるべき点などについて、専門的な助言をもらうことができる。

また職場や学校でメンバーの希死念慮を確認した場合は、なるべく早期に家族とも連絡を取っておく必要がある。特に精神科受診を勧める段階では、受診への抵抗がある場合も多い。このような場合職場や学校の責任者としては、自殺の危険性と受診の必要性について、家族に対して説明できなければならない。また、前述したように自殺の危険性はしばらくの間続くため、専門家からの助言を受けながら、職場や学校が家庭と連携をとっていかなければならない。

(3) コンサルテーション（consultation）

コンサルテーションとはカウンセラーが、心理学の専門家としての立場から専門的

コラム 6

職域病院の利点と欠点

著者らはある総合病院で勤務していいます。いわゆる職域病院で、そこには職場と連携をとりやすいという利点があります。スタッフとも仲間意識もあって一般の病院よりは身近に感じてもらっているようです。最近では精神科に対する偏見も薄れ、軽いうつの症状でも受診する人も多くなりました。このように職域病院では、患者さんの症状について職場の情報を得やすいので、効率的な治療を行えます。また、職場復帰にあたっても、患者さんの状態に応じて段階的な復帰を計画しやすいという利点もあります。

しかし、その反面、職域病院特有の問題点もいくつかあります。もちろん病院側は患者さんの秘密を守りますが、どうしても患者さんの側には「秘密が漏れるのではないか」という心配があって、受診に二の足を踏む人が多いようです。職場との近さが利点にも欠点にもなってしまうという難しい問題を抱えているというわけです。

また職域病院では、職場復帰に際して、職場と患者さんの板挟みにあうこともあります。患者さんの側にたてば、なんとか職場復帰をかなえてあげたくても、どうしてもその状態の患者さんを受け入れられないという、職場の意見もあるわけです。しかしこのような場合こそ、カウンセラーが調整役として力を発揮できる場面でもあるのです。

な助言を行うことを言う。プリベンションにおいてカウンセラーは、学校や職場の管理者やメンタルヘルス担当者に対して、専門的な助言を行うことによってより効果的な自殺予防が行われるように働きかける。最近でこそメンタルヘルスに対する関心は高まっており、自殺予防の必要性を理解している組織は多い。しかしながら自殺に関する正しい知識を持っている人はそれほど多くないのが現状である。むしろいまだに自殺に関する多くの誤解がまかり通っているし、自殺という問題そのものをタブー視する傾向も強い。

自殺を予防するためには、まず組織全体が自殺に対して正しい知識を持つことが重要である。そのためにはすでに述べたような自殺予防教育と、管理者や担当者に対するコンサルテーションが不可欠である。自殺は死にたいと思う人一人だけの問題ではない。自殺予防は個人だけでなく、組織全体としての取り組みでなければならないのである。

カウンセラーは職場の要請に基づいて、自殺予防のための専門的な助言を行う。管理者や担当者に対して、正しい知識を与えるとともに、職場のあらゆる業務に対して、自殺予防の観点から適切な助言を与えるのである。

助言を与える範囲は状況によってさまざまである。職場のメンタルヘルス体制のあり方や、カウンセリング組織の構築に関してなど、自殺予防に直結するような助言は重要であるし、その機会も多いだろう。しかしメンタルヘルスはあらゆる問題に関係するので、さらに広く人事制度そのもののあり方や、職場の配置や上下の指導系統など、より根幹の問題に対しても助言を行う場合もある。

例えば大規模な組織では、単身赴任はどうしても避けられない制度である。しかし単身赴任の直後は、周囲のサポートが不足する状態で、新しい環境に適応しなければならないという難しい時期でもある。

実際このような時期にうつ病を発症し、自殺に至ってしまうケースは多い。転勤の時期にうつ病が発症すると、周囲の人もそのことに気づけないことが多い。転勤前の元気なその人を知らないので、うつ病の症状が、「元々おとなしい人」なのだととらえられてしまうのである。

このような場合カウンセラーは、転勤する職員の心身の状態をチェックしたり、転勤後の適応を支援するためのメンタルヘルス体制のあり方について、組織に助言をしなければならないのである。

コンサルテーションは、カウンセラーが果たす機能の中でも特に重要かつ専門性を必要とする。介入する組織はそれぞれが独自の存在であり、一つとして同じものはない。カウンセラーはそれぞれのケースにおいて、個別性をよく理解した上で現実的な助言を行う必要がある。

四 インターベンションにおけるカウンセラーの役割

(1) インターベンションとは

自殺のインターベンションは、今まさに自殺が起きようとしている緊急事態に働きかけて、それを未然に防止することである。リストカットや大量服薬などの自殺未遂が発生したときの治療がこれに当たる。また自殺未遂には及んでいなくても、希死念慮が強く、自殺の危険性が高いクライアントへの関わりも、ここに含めることにする。

自殺が発生した場合、遺された人々が受ける影響がいかに大きいかについてはすでに述べた。幸いにして一命を取り留め、自殺未遂に終わった場合には、「助かった」という安堵感もあって、深刻に受け止められない場合が多い。しかしながら自殺未遂の場合も、既遂の場合と同様に周囲の人々が受ける衝撃はきわめて大きい。むしろ未遂の場合に特有の、職場や家庭への復帰の問題、そして再発防止の対応など、周囲の人々が苦労する課題は多いと言える。

インターベンションにおいてはプリベンションの段階以上に、クライアント個人だけでなく、その周辺の人々をも対象とした適切な関わり方が求められる。

ここではインターベンション、すなわち自殺未遂直後や強い希死念慮を抱くクライアントとの関わり方、そして家族、学校、職場など周囲の人々との関わり方について述べていくことにする。

インターベンションにおけるクライアントとの関わり方を考えるには、まず自殺直前の心理状態について、もう一度よく理解しておく必要がある。繰り返すが、自殺の直前多くの人はうつ病などの精神疾患を抱えている。その症状として、抑うつ気分、精神運動制止、不安焦燥感、自律神経症状（身体症状）、そして妄想などが現れる。またその時の心理状態としては、絶望的な孤立感、自分に対する無価値感、極度の怒り、窮状が永続する感じ、心理的視野狭窄、そして全能の幻想などが現れている。

このように病的な症状と、それによる絶望的で極端に視野の狭い混乱した状態に追い込まれた結果、自殺に及ぶのである。インターベンションにおけるカウンセリングは、まさにこの状態のクライアントを援助するためのカウンセリングなのである。

インターベンションにおけるクライアントとの関わりは、さまざまな形で始まり得る。始めから希死念慮を訴えて来談するケース、カウンセリングの過程で希死念慮が明らかになるケース、自殺未遂後に来談するケースなどさまざまな場合がある。ここではカウンセリングの過程で、希死念慮が疑われたケースを想定して、カウンセラーの関わり方について考えていくことにする。

事例

クライアントは三三歳の男性、入社後約一〇年あまりがたっている。器用な方ではなかったが、こつこつと努力して堅実に職務をこなしてきていた。一ヶ月前の人事異動でこれまで全く経験の無かった職場に転勤になり、思うように業績が上がらず周囲ともうまくやっていけなくなった。職場でもボーッとしていることが目立つようになり、心配した上司に勧められて来談することになった。

カウンセリングの当初は慣れない仕事の大変さや、人間関係の難しさを訴え、どうすればうまく慣れるかということに終始した。しかしその後、最近、祖母が亡くなり、転勤の直前だったため葬儀に参加することもできなかったことや、クライアント自身が多額の借財を抱えているということが明らかになった。

カウンセラーが希死念慮を確認すると、クライアントは一瞬考えた後で否定した。

アセスメント

この例でのクライアント自身の主訴は、新しい職場と人間関係への適応の問題であった。「慣れない仕事で困っている」「周りにうまくとけ込めない」という具体的な悩みを訴えられると、どのようにすればよいか具体的な対策に目が向いてしまいがちである。しかしながらしばらく話を聴いているうちに、自殺の危険因子にあてはまる内容がいくつか明らかになった。

このように一見何でもないような訴えの背景に、自殺の危険性が隠されているということについてはすでに述べた。そのような場合でも自殺の危険性を見落とさないように、確実に自殺予防のためのアセスメントを行わなくてはならない。またこのケースのように希死念慮が否定された場合も、自殺の危険性そのものを否定してしまってはならない。

インターベンションにおけるカウンセリングの意味

さて、直接希死念慮を訴えたり、自殺の危険性が高いと判断された場合、自殺予防のカウンセリングはインターベンションの段階に進むことになる。この段階のカウンセリングの目的はまさに自殺予防、自殺そのものを阻止することになる。カウンセラーは本来クライアントの意志決定を重視する。著者の定義においてもクライアントが問題に向き合っていくための援助はするが、最終的にどのような意志決定をするかはクライアント自身に委ねるべきことであると考えている。

しかしながら自傷、他害のおそれがある場合はその限りではない。特に自殺の場合は「取り返しがつかない」の一点において、クライアントの意志決定を認めるわけにはいかない。当たり前といえばこれほど当たり前のことはないかもしれないが、自殺予防という問題に向き合っていくためにはきわめて重要なことなのである。

自殺問題に携わっているとしばしば、「自殺するのはその人の勝手、死なせてあげればいい」という意見をもつ人に出会うことがある。また著者自身、実際のカウンセリングの中で、「これほどひどい状況なら、死にたくなるのも当然だ」と思うこともある。しかしながらすでに述べたように、自殺直前の心理は絶望感、孤独感、自責感や怒りなど激しい感情の渦に巻き込まれた状態であることを忘れてはならない。

カウンセラーは、クライアントが行う意志決定のプロセスを援助するが、それは単にクライアントの決定を黙ってみているというわけではない。温かく信頼に満ちた関係を築き、その中でクライアントが落ち着いて意志決定できるように援助していくのである。自殺直前の混乱した状態で、落ち着いて意志決定できるはずはない。ましてそれが自ら命を絶つというやり直しのきかない問題であれば、なおさらそれを黙って見過ごすわけにはいかないのである。インターベンションにおけるカウンセリングは、混乱した状態での取り返しのつかない意志決定を避け、冷静な判断ができる状態を取り戻すための援助であると言える。このことをよく理解しておかないと、強い希死念慮を前にした時にカウンセラー自身が、カウンセリングの意味を見失い、無力感を抱いてしまうのである。

たとえその時は絶望的に捉えられている問題であっても、後で冷静に考えれば解決の糸口がいくつも見えてくることは多い。中にはカウンセラーが冷静に判断しても、絶望的なほど厳しい問題を抱えていることもあるが、いずれ予測できなかったような変化が生じる可能性もあるのだ。希死念慮と直接向き合うことは、カウンセラーにとっても非常にストレスの多い作業である。自殺という取り返しのつかない問題を前にして、カウンセラーが常に安定して援助を続けるためには、自分が行っているカウンセリングの意味についてよく理解しておく必要がある。

(2) 精神科との連携

受診の必要性

インターベンションのカウンセリングを行う場合、カウンセラー自身がどのような環境で勤務しているかによって内容は変わってくる。精神科、特に入院施設のある精神科の病院に勤務している場合であれば、精神科医療につなげやすいし、必要なら入院して安全を確保することもできる。学校や企業、独立した相談室のカウンセラーであれば、いかにして精神科医療と連携するかという問題がある。また精神科受診後も併行して行うカウンセリング、入院中や退院後のカウンセリングなど、それぞれに気をつけなければいけないことがある。ここではインターベンション段階のそれぞれのカウンセリングについて検討する。

すでに述べたように多くの自殺者は自殺に至る過程で、うつ病などの精神疾患を発症していると考えられる。たとえ精神疾患の診断基準に当てはまらなくても、極めて絶望的で混乱した心理状態にあることは明らかである。よってクライアントが希死念慮を訴えた場合はできるだけ精神科受診に結びつけることが望ましい。

希死念慮を訴える患者に対する精神科での急性期の治療は、本人の安全を確保した上で、主に服薬と休養が中心になる。抗うつ剤や安定剤、そして睡眠薬などを飲んでまずはゆっくりと休んでもらうのである。死にたいほど苦しんだ背景には、具体的な問題が山積していることが多いが、とりあえず問題解決は先に延ばしてゆっくりと休養をとることが必要なのである。

自殺が混乱した心理状態で行われる、誤った意志決定であることはすでに述べたが、十分な休養をとるだけで希死念慮が軽減していくことも多い。例えば多額の借財を抱え希死念慮を抱いたクライアントが、数日間入院しただけですっかり立ち直ることもある。

精神科受診、特に入院治療は、混乱して自殺の危険が高いクライアントに安全な環境と時間を提供してくれる。インターベンションのカウンセリングでは、自殺という混乱した心理状態での意志決定を先延ばしにして、落ち着いた環境の中で、安全な時間を過ごせるように援助することが重要である。この場合精神科への入院は最も適した環境であると言える。

ではどのような場合にカウンセラーは精神科受診を勧めればよいだろうか。基本的にクライアントに希死念慮を認めた場合には、受診を勧めた方がよい。すでに述べたように希死念慮を確認するのはかなり難しい作業であるからだ。相当経験のあるカウンセラーであっても、見落としてしまう可能性はある。

また、死にたい気持ちは突然膨れ上がることもある、服薬や入院という手段なしにクライアントの安全を確保するのは、非常に困難であることを理解しておかなければならない。自殺という取り返しのつかない問題を相手にするためには、慎重には慎重を期した方がよい。

実際に精神科受診を勧める場合にはいくつかの注意点がある。先ずはその時のクライアントの気持ちをよく理解することである。

クライアントの気持ちを理解する

クライアントは、死にたいくらい追いつめられた気持ちを、ようやく信頼できるカウンセラーに打ち明けたのである。その直後に精神科受診を勧められたなら、「精神病扱いされている」「自分は壊れてしまったのか」「この人にも見捨てられた」などさまざまな不安をかき立てる恐れがある。まずはじっくりとクライアントの話に耳を傾けることである。

経験のあるカウンセラーであっても、死にたい気持ちを打ち明けられたとき不安を感ずるものである。目の前のクライアントの生死に関わる問題だけに、不安を感じるのはむしろ当然である。ただカウンセラーならば自分が感じている不安をしっかりと意識している必要がある。このいわゆる自己一致ができていないと、カウンセラー自身が不安に巻き込まれ、精神科医への紹介を焦ってしまうことになるのである。紹介の失敗は折角築かれた信頼関係を一瞬にして崩してしまうことさえある。カウンセラーは自分自身の不安や緊張をしっかりと自覚した上で、クライアントの追いつめられた気持ちを受け止めなければならない。そしてカウンセリングの基本通り、クライアントの体験を受容し、共感していく。

カウンセリングにおいては安易な助言をせず、クライアントの体験を理解する努力が必要とされるが、希死念慮と向き合う場合には特にこのことに気をつける必要がある。カウンセラーが何か一言助言をしたくなるとき、実はカウンセラー自身が不安を感じていることが多い。すでに述べたように希死念慮はカウンセラーにも強い不安を引き起こす。その時不安に耐えられないと、思わず具体的な助言をすることによって、カウンセラー自身が「死にたい思い」から目をそらそうとしてしまうのである。

例えば死にたいと言っているクライアントの、元々の悩みが五〇万円の借金であった場合、「実家の両親に相談してみてはどうか」といった助言をしてしまいがちである。しかしこの時点での助言はクライアントに、「やはり自分の苦しみをわかってもらえない」という思いを抱かせてしまうことが多い。

希死念慮に対して迅速に対応することはもちろん大切だが、焦って紹介を勧めようとしてはいけない。クライアントの話をじっくりと聴き、クライアントに落ち着きを取り戻してもらうことが大切である。クライアントは死にたいと思う自分自身を、「おかしくなってしまった」「壊れてしまった」と感じていることが多い。誰にも打ち明けられず一人で苦しんでいたことを、今ようやくカウンセラーに打ち明けたのである。カウンセラーが落ち着いてその思いを受け止め、「死にたくなる」ことが決して異常なことではないということを伝えることが大切である。これについてはすでにプリベンションにおける心理教育の項でも述べたが、カウンセラーが落ち着いて受け止める態度そのものが、クライアントにも落ち着きを取り戻させるのである。

そして死にたいほど追いつめられているクライアントの苦しみを、クライアントの主観につき合いながら聴き取っていく。客観的にみればそれほど悩むことではない状況であっても、ここはクライアントの主観を真実として受け止める必要がある。たとえば数十万円の借金を抱えたことで死にたくなったクライアントの話を聴いていると、それくらいの金額ならどうにでもなるではないか、と思うかもしれない。しかしその金額自体にとらわれるのではなく、死にたくなったクライアントの気持ちを聴いていくのである。クライアントが抱えた問題が、客観的にみてどの程度の大きさかということが問題なのではなく、クライアントの主観の中でどのように受け止められているかということが重要なのである。

もちろんクライアントによっては、客観的な助言や情報を提供することで落ち着きを取り戻すこともあるが、希死念慮を抱くほど混乱した状態ではなかなか受け入れられないのが普通である。むしろ一方的な助言や情報提供は、「やはりこの人も私の苦しみを分かってくれない」という思いを抱かせてしまう。助言や情報提供を行う場合もクライアントが、それをどのように受け取っているかをよく観察しながら慎重に行う必要がある。その段階で受け入れられないようであれば、無理せず先延ばしにすればよいのである。

心理教育も行なう

そしてクライアントの話をじっくり聴きながら、カウンセリングの中で併せて心理教育も進めていく。クライアントの主観の中で、その苦しみを真剣に理解しようと努力しながら、それほど苦しい状態であれば死にたくなってしまうことも理解できるということを伝える。

死にたい気持ちになったことは決して異常なことではなく、さまざまな問題を抱え思いつめたときに死にたくなることもあるものだ、ということを伝える。その上で死にたい気持ちは、抗うつ薬などの薬を飲んで十分に休養をとることで解消していくことを説明する。

希死念慮のあるクライアントの場合、うつ病などの症状がいくつも現れていることが多い。そのような症状には治療が必要であること、そしてそれは治療によって必ずよくなるものであることを説明する。このような説明で受診を受け入れるクライアントもいるが、中には自分は大丈夫だ、自分が抱えている具体的な問題の解決こそが重要なのだと訴えるクライアントも多い。

その場合は今の混乱した状態で、問題解決のための冷静な判断ができるだろうかと問いかけてみる。死にたいくらい混乱した状態で、難しい問題を解決するのは効率的ではないのではないかと伝えるのである。その上でクライアントにとって重要な問題であるからこそ、その解決は少し先送りにして、まずは冷静な判断ができる状態を取り戻すように提案する。

クライアントの抵抗への配慮

クライアントが自分の異常に気づきながら、精神科受診に抵抗を示している場合は無理に精神科にこだわらなくてよい。希死念慮を訴えるクライアントの場合、頭痛、胃痛そして不眠などさまざまな身体症状が現れていることが多いので、内科や心療内科などクライアントにとってより敷居が低いと思われるところから受診を勧めるという方法もある。ただし内科などの場合、単に身体症状の治療だけで終わってしまい、精神面の異常に目が向けられない場合が多い。たとえば総合病院の内科など、精神科に紹介してもらいやすい病院と日頃から関係を作っておく必要があるだろう。

クライアントが精神科受診の必要性を理解したとしても、それで紹介がうまくいくというわけではない。クライアントの側からみると、これまで対応してくれたカウンセラーから見捨てられたような感じを受けることがある。特に企業や学校のカウンセラー、独立した相談室に勤務するカウンセラーの場合は、この点に気をつけなければならない。

精神科受診によってカウンセラーとの関係が終わるわけではなく、クライアントの安全を確保するために、専門家の力を借りる必要があるのだという点を強調する。そして精神科受診と併行してカウンセリングを続けることもできると言うことを伝えるのである。また適切に紹介するためには日頃から精神科などの専門機関と、良好な関係を築いておく必要がある。いざというときに安心して、大切なクライアントを紹介することができる精神科病院を複数確保しておきたい。

精神科から独立した相談室の場合は、クライアントを直接受診に結びつけることは困難である。クライアントが受診を受け入れたとしても、相談室を出たとたんにその気持ちが覆る危険がある。また希死念慮はしばしば衝動的に突然押し寄せることもある。翌日の精神科受診を約束していながら、その日の内に自殺に及んでしまったケースを耳にしたこともある。このような悲劇を起こさないためにも、クライアントの家族や職場の上司、仲の良い友人など身近で信頼できる人の協力を得る必要がある。守秘義務やクライアントが置かれている立場や人間関係など、難しい問題もあるが、状況が切迫している場合、最終的にはクライアントの命を守ることを優先すべきである。

クライアントの身近な人の協力を得る場合、つとめてクライアント自身の承諾を得る必要がある。クライアントが誰にも相談せずに来談しているような場合、特に強い抵抗を示すことも多い。クライアントは「カウンセリングを受けて少し落ち着いた」と思っているかもしれないが、死にたいという思いは急激にわき起こってくることがあるということを説明する。そんな時クライアントの命を守るためには、できるだけ身近な人に協力してもらう必要があることを理解してもらうのである。著者の経験では多くの場合、クライアントが了解した上で家族や上司の協力を得られているが、うまくいかない場合もある。そのようなときは無理に説得して関係を壊すより、クライアントを信じて信頼関係を維持することの方が重要である。カウンセラーがあまりにこだわりすぎると、押し問答のようになってカウンセリングが膠着してしまう。このようなときカウンセラーは、たとえ受診には応じなくとも、目の前のクライアントが間違いなく苦しい現状からの脱出を求めて、カウンセラーのもとに来ているという事実を忘れてはならない。

例えば企業や学校の相談室であれば、相談室のスタッフが精神科受診に付き添うという方法もある。すべてのケースに共通して対応できる手段などなく、それぞれのケースに応じた柔軟な対応が求められるのである。

自分一人で判断しない

いずれにしても最終的にはカウンセラー自身の臨床的判断に従うことになるが、このようなときは自分一人で判断しようとせず、スーパーバイザーや提携している精神科医などと相談する方がよい。自殺の危険性を伴うケースの場合、つとめてスーパービジョンを受けておく必要がある。その理由の一つは危険性の評価や、カウンセリングの方向を誤らないようにすることであり、二つ目はカウンセラー自身の精神的安定を得るためである。

自殺の危険性を感じるクライアントを担当する場合、カウンセラーの精神的負担はきわめて大きなものになる。クライアントが精神科を受診したからといって、自殺の危険性がなくなるというわけではない。精神科受診と併行してカウンセリングを行う場合でも、いつ急激に症状が悪化して希死念慮が再燃するかは分からない。そのような日々が続くと経験のあるカウンセラーであっても、落ち着いていられなくなってしまう。

精神科病院に勤務するカウンセラーの場合であれば、医師や看護師とチームで担当することができるので、精神的なサポートを得ることもできる。多くのクライアントに対して専門家として安定した援助を提供するために、同僚はもちろんスーパーバイザーや提携できる精神科医などとの関係を構築しておく必要がある。

起きてはいけないことだが、実際には担当しているクライアントが自殺に及んでしまうこともある。真剣に関わったクライアントを、救えなかったときの衝撃には計り知れないものがあり、カウンセラー自身も相当参ってしまう。そんな時チームで関わっていると、メンバー相互に体験を話し合い、支え合うことで立ち直りのきっかけを得ることができるのである。

(3) インターベンションのカウンセリング

インターベンションのカウンセリングにおいて、カウンセラーが果たすべき役割は精神科受診への橋渡しだけではない。精神科入院患者に対するカウンセリング、外来受診と並行して行うカウンセリング、受診せず単独で行うカウンセリングなどさまざまな形での関わりが求められる。いずれの形態をとるにしても、ここからのカウンセリングは常に自殺の危険性と背中合わせの状態で行われる。精神科病院に入院している患者であっても、自殺の危険性が完全になくなったわけではない。きわめて危険性の高い急性期には、薬物療法で鎮静させることもできるが、いつまでもその状態を続けるわけには行かない。急性期を過ぎ薬の量も減って、活動性が少し上がってきた頃、病棟のスタッフが目を離した隙に既遂に及んでしまうことが多い。このように入院患者でさえ、自殺を完全に防ぐことはできないのである。

ではこのような時期のクライアントに対して、カウンセラーはいったいどのように関わっていけばよいのだろうか。ここではある事例を材料にして、カウンセラーが果たすべき役割について検討することにする。

事例

クライアントは三五才の男性、会社では中間管理職として勤務していた。まじめで几帳面、責任感も強く仕事も人一倍頑張ってきた。しかし元来人付き合いは苦手で、職場の部下に対しても思ったことを言えず、自分の内側にため込んでしまうことが多かった。本来は部下に任せるべき仕事を自分が抱え込んでしまい、最近は残業も多く職場に泊まり込む日も増えていた。夜も寝付きが悪く、ここ一週間は殆ど眠れない毎日が続いていたという。異常に気づいた職場の上司が付き添って精神科を受診したが、希死念慮が強く入院することになった。入院時の診断はうつ病であった。

病棟では担当医による薬物療法とカウンセラーによるカウンセリングを中心に、当面はゆっくりと休養をとることを目的に治療が開始された。

カウンセリングの中でクライアントは、自分には部下を指導する自信も能力もないこと、そしてそんな自分が組織の重荷になっており、周囲からもまるで役立たずのように思われているに違いないと訴えた。そしてこの苦しい状況はこれからもずっと続き、自分にはどうしようもないことであると感じていた。

クライアントのこのような訴えの中には、明らかにうつ病患者特有の思考パターンが認められる。それは自分自身に対する否定的な見方、周囲の環境に対する否定的な見方、そして将来に対する否定的で絶望的な見方である。

うつ病の認知療法

カウンセラーがこのようなクライアントに関わる場合、一般的には認知療法などの心理療法を行うことになるだろう。認知療法は個人特有の認知のフィルターを通した体験が、感情にも密接に関連しており、認知のゆがみが感情の異常を引き起こしているという仮説に基づいている。そのため認知療法では、極端な認知のゆがみを修正していくことによってうつ病の治療につながると考えるのである。

うつ病の認知療法ではさまざまな技法を使いながら、まず認知の存在、その認知が感情や行動に影響を及ぼしていることに気づかせる。次にクライアント自身の行動を振り返り、クライアントの中に歪んだ否定的で自動化された思考があることに気づくように働きかけていく。そして最後にそれらの歪んだ認知や否定的・自動的な思考パターンを、より現実的な考え方に修正するための検討を行うのである。

うつ病患者の自動的思考とは、何らかの場面に出会ったときに、自動的に頭の中に浮かび上がってくる考えのことであり、悲観的で自虐的なものであることが多い。先ほどの事例では、他の社員がテキパキと仕事を片づけているのをみたときに、「ああ、自分はなんと無能で情けない上司なのだろう……」とすぐに考えてしまうかもしれない。またうつ病患者によく見られる認知のゆがみには、次のようなものがある。

(ア) 二分割思考（二者択一的思考）

全てに対して全く正反対で両極端な解釈をする傾向で、白黒をはっきりさせないと我慢できない、一〇〇点でなければ〇点と同じといった考え方のこと。

事例では中間管理職としての自分の理想を非常に高く掲げ、それを一〇〇パーセント達成しなければ意味がないという思いに現れている。

(イ) 自己関連づけ

ある状況と自分との間に適切な距離を置くことができず、全てを自己に関連づけてしまう傾向のこと。ある出来事と自分との関連性を過大視したり、個人的な意味を捉えすぎてしまう。

事例では所属する部署の業績の低迷を、全て自分の責任であるかのように感じてしまいがちである。

コラム 7

携帯番号教えますか?

希死念慮を抱いたクライアントが、すべて精神科に入院するわけではありません。どうしても入院に同意してもらえない場合など、希死念慮を抱いたままのクライアントと別れなければならないことも多いのです。そのときは希死念慮を抱いていなくても、急激にそんな気持ちがわき起こるクライアントもいます。このようなクライアントをカウンセリングルームから送り出すときほど、カウンセラーにとって不安を感じるときはありません。こんなときカウンセラーは、クライアントとの間にできるだけ確実な連絡手段を確保しておく必要があります。例えばクライアントが急に死にたくなったとき、病院や相談室に連絡できるように、電話番号などの連絡先を教えておきます。病棟を持つ病院であれば、深夜であっても、スタッフの誰かが対応することもできます。しかしそのような方法もとれない場合はどうすればよいのでしょうか？　携帯電話の番号を教えることもできますが、それには問題もあります。番号を教えた以上、その電話はクライアントの命綱となります。自分ひとりで責任を持ってその重みを支えることができるのか、十分に検討した上で判断する必要があります。いずれにしても個人的な携帯番号を教えるのは、やむを得ない場合に限り、まずは組織として対応できるような工夫をすべきであると思われます。

(ウ) **過度の一般化**

情報の本質的な意味をはるかに越えた、妥当性のない過度の一般化を行うこと。一つの極端な出来事に基づいて、一般的なルールや結論を全てに当てはめてしまう。

事例では書類の計算間違いをしたことから、何をやってもきっと失敗するだろうしこのまま定年まで昇進もしないに違いないと思ってしまう。

(エ) **選択的抽出**

状況が全体として意味することを見失い、ある些細な部位に過度に焦点を当て、特定の部位の意味を過大に評価すること。また些細な部分のみに焦点を合わせた自分の信念を正当化し、その他の情報を無視してしまう。

事例では部分的な知識不足による仕事上のミスから、仕事全般に関して自分は無能であると感じてしまう。

(オ) **肯定的側面の否定**

自分に与えられた賞賛をありのままに受け取れず、不当なまでに自己を卑下してしまうこと。

事例では上司が仕事ぶりを認めて賞賛しても、「そんなことはない、自分は本当に役立たずだ」と頑なに否定する。

(カ) 破局視

起こり得る最悪の結果を予測しがちな傾向のこと。

認知療法では、「今、ここで」の問題に焦点を当てながら、具体的な課題を通してクライアントの問題を解決していく。例えば代表的な手法であるセルフモニタリングは、自分自身の行動、感情、思考など、習慣化しているものを観察し、記録することによって、クライアント自身が客観的に理解することを目的とする。このように課題を行ないながらクライアント自身が認知のゆがみや否定的な自動思考に気づき、カウンセラーとのやりとりを通して、より現実的で適応した行動を獲得できるように進んでいく。そのため認知療法の過程は活発で双方向性のある、共同作業のようであると言える。

認知療法に関してはすでに多くの専門書が出版されているので、詳しくはそれらを参照してもらいたいが、ここでは希死念慮のあるクライアントに対する認知療法の適用について考えてみたい。

認知療法には行動的技法、認知的技法それぞれに数多くの技法があり、事例に応じてさまざまに組み合わせて使用することができる。認知療法のようにある程度技法が明確で、マニュアル化された心理療法の場合、カウンセラー自身が気をつけておかないと、技法に流されてしまうということが起きやすい。マニュアル通りに技法を進めていけば、表面的には治療は進んでいくが、目の前のクライアントそのものを見落としてしまいかねないのである。

クライアントは今どのような状況にあるのか、なぜ今この技法が必要なのかを、よく見極めながら段階的に進めていくことが重要である。このように認知療法を行う場合には慎重さが求められるが、希死念慮を持つクライアントに適用する場合にはより慎重でなければならないと考えている。（なお、急性期で症状が激しい時期には、この種の内省を求めるような心理療法は性急に行わないほうがよいことも一言断っておく。ある程度、症状が落ち着いた段階でのアプローチと考えてほしい。）

繰り返しになるが認知療法は、活発な共同作業による問題解決を目的とする。クライアントは自分自身の認知のゆがみや、自動思考が感情や行動に悪影響を与えていることに気づき、それを修正する方法を探るのである。認知療法の過程は、いくつかの技法によって段階的に構成されているので、カウンセラーにとっても使いやすいし、問題解決も効率的に行なわれているように見える。しかしながらそれは、クライアントにとってかなりのエネルギーを必要とする過程でもある。認知療法に限らず積極的に問題解決を図ろうとする心理療法では、同じような危険性をはらんでいると考えることができる。

問題解決を目指さない

インターベンションのカウンセリングは、希死念慮と向き合うカウンセリングである。何度も繰り返されたことであるが、希死念慮は適切な判断ができない異常な心理状態の中に生まれる。追いつめられた異常な心理は、絶望的な孤独感、自分に対する無価値感に代表されるように、非常に絶望的で自虐的である。「自分はもうだめだ、どうしようもない……」と極端に自虐的で消耗しているクライアントに対して、問題解決という新たな課題を提示することが、どのような意味を持つかをよく考えなければならない。

何らかの問題を抱え追いつめられて、希死念慮を抱くまでに至ったクライアントは、これまでにクライアントなりに相当の努力をしてきている。しかしながらその努力も万策尽きてしまい、身動きもできない状態になっているのである。この状態のクライアントに、問題解決という新たな課題を与えることは、さらにクライアントを追いつめることになりかねない。

認知療法で自分の認知のゆがみに気づき、それを修正することは確かに効果的な問題解決方法であるが、それはこれまでのクライアントの努力を否定することでもある。特に自虐的な思考に陥っているクライアントの場合は、その傾向にさらに輪をかけてしまうことになる。本来認知療法を行う場合には段階的な課題を与え、上手にクライアントに達成感を与えながら進めていくことが重要である。しかし希死念慮と向き合う場合は、その適用そのものに、さらに慎重でなければならない。希死念慮を抱いているときは、達成感を得るための新たな努力を行うエネルギーすらない状態であることが多いからである。

認知療法では、問題となっている認知の歪みに気付き、より適切な認知パターンを獲得することで、希死念慮そのものの除去を目指す。しかし自殺予防のカウンセリングでは、積極的な問題解決を目指さず、クライアントができるだけ安全な環境の中で、安全な時間を過ごすことができるように援助を行うのである。

このように言うと、自殺予防のカウンセリングは一見、時を過ごすだけで、何もしていないように見えるかもしれないが、それはクライアントが無駄な努力によって、エネルギーを消耗しないための工夫なのである。カウンセリングではクライアントの体験を否定せず受け止めることが大切である。自殺予防のカウンセリングにおいても、クライアントの「死にたい気持ち」を否定せず受け止めるのである。自殺の実行は否定するが、「死にたい気持ち」を抱いてしまうことは否定せず、その気持ちを理解しようと努力するのである。そしてクライアントが自分自身を否定したくなる気持ちも、また否定せずに受け止める。

すでに認知療法のところで述べたように、たしかに段階的な課題によってクライアントに達成感を感じさせていくことは重要である。しかし希死念慮が強いような場合は、その課題に取り組むためのエネルギー自体が不足していることが多いのである。希死念慮がある場合には、エネルギーを必要とする新たな取り組みは避ける方が無難である。むしろクライアントの現状の中で、肯定的に受け止められる部分を探す方がよりハードルは低くなる。

肯定的な部分に目を向ける

クライアントが死にたくなるほど悩み、苦しんでいることそれ自体が、何とか現状を改善しようとする努力の裏返しであり、その現状がすでにポジティブであることを指摘していくのである。希死念慮の強いクライアントは、「自分はだめなやつだ、こんなやり方ではだめだ」と強く自分を否定し、何とかうまく行くための新たな方法を求めて、必死の努力を繰り返していることが多い。しかしながら自分自身や、これまでの取り組みを否定すること自体が強いストレスとなる。また強い自己否定感は、冷静な自己分析を妨害するため、そこからは適切な改善策など生まれるはずがないのである。

したがって、自殺予防のカウンセリングにおいては、クライアントが苦しい状況の中で何とか生きていること、それ自体を肯定的な事実として受け止める視点が必要である。クライアントは何かに生かされているわけではなく、自らの努力で生きているわけであり、クライアント自身の努力の成果であることを認めるのである。

クライアントにとって、これまでの生き方を肯定的に受け止めることは困難かもしれないが、希死念慮と向き合っていくカウンセラーにとっては、非常に重要な視点である。カウンセラーにこの視点がないと、希死念慮を持ったクライアントの話を聴くうちに、クライアントの感情の渦に巻き込まれてしまいかねない。先ほどの事例で、クライアントが部下に対して言いたいことをはっきりと言い、任せるべきところはしっかりと任せられるようになりたいと思うのはむしろ当然かもしれない。一見、当たり前に思える目標だが、クライアントにとっては非常に高いハードルである。なぜならどうしてもそれを超えられなかったからこそ、今の苦しい状況に陥ってしまっているからである。だから安易にその目標を設定することは、これまでのクライアントの努力を否定してしまうことになる。

追いつめられた状態のクライアントは往々にして、「どうすればよいかはもう分かっている、後はなんとかやるしかないんだ」と言う。クライアントがある程度落ち着いた状態でこのように言うと、カウンセラーの方も、具体的な問題の解決に目を向けてしまいがちである。事例ではどのようにすれば上手に部下に仕事を任せられるかを検討することになるかもしれない。もちろんこのように具体的な目標を立てて、現実的な検討を行うことも大切であるが、それはもっと先のことになる。この段階でそれを進めることは「何とかしなければならない」というクライアントの焦りに、カウンセラー自身も巻き込まれているということなのである。

それではインターベンションのカウンセリングはどのようにして行うのか、事例を題材にしながら説明しよう。すでに第二章で述べたとおり、この本ではカウンセリングを「クライアントとの間に温かく信頼に満ちた関係を築き、その中でクライアントの問題を複雑にしている周囲との関係や、クライアント自身との葛藤にクライアントが気づき、向き合うための援助を行うことを言う。クライアントが望むならば、より建設的な方向での意志決定を行い、問題解決そのものへのプロセスを援助する」と定義している。

信頼関係の構築とアセスメント

この段階のカウンセリングにおいても、まず信頼関係の構築が重要であることに違いはない。希死念慮があるため他科や院外のカウンセラーから紹介されてきたクライアントの場合、信頼関係を構築するところから始めなければならない。紹介という形で関わりが始まると、クライアント側に一応は受診意欲があることが多いので、何となく信頼関係がすでに構築されているような気がする場合がある。しかしこれはカウンセラー側の勝手な錯覚であることを理解しておかなければならない。紹介状などがあって、ある程度クライアントに関する情報が得られている場合も、しっかりとしたアセスメントを行いながら、信頼関係を構築していかなければならない。

そのためには精神科への紹介の項で述べたように、客観的な事実だけではなくクライアントの主観の中で、どのように受け止められているのかを理解していく。そしてここでも死にたくなったことは決して異常なことではなく、混乱した状態では誰にでも起こり得るということを伝える。そのことをすでに理解しているクライアントであっても、実際に精神科を受診する場面では「やはり自分はおかしくなったと思われている」と、急に不安になることがある。そのような不安を理解して、面倒がらずに繰り返し説明する必要がある。

自殺未遂の後に受診したクライアントの場合は、さらに注意が必要である。自殺未遂直後の心理状態は非常に複雑である。見た目にも混乱して取り乱しているような場合もあれば、逆に何事もなかったように落ち着いて見えることもある。特に後者の場合、クライアントの口から「すみませんでした、もう二度としません」と、希死念慮を否定するような発言があると、カウンセラー自身も安心してしまうことがある。しかし自殺未遂直後は不安定な心理状態にあり、希死念慮がまた急激に現れることも多い。クライアントの表面的な落ち着きに目を曇らされることなく、前述したように信頼関係を構築し、しっかりとアセスメントしなければならない。

周囲との関係とクライアントの葛藤

希死念慮を抱えるクライアントは、周囲の人々との問題や、自分自身との葛藤を抱えていることが多い。事例のクライアントは、部下の指導がうまくできず自分が仕事を背負い込んでしまっている。この場合、クライアントが部下を指導するためのスキルを身につけることが、解決策のように思われるかもしれないが、それは表面的に見えている問題にすぎない。クライアントにとっては、指導能力が不足していること以上に、そんな自分を責める気持ちの方がはるかに大きな問題になっていることが多い。うまく指導できない自分をだめな人間だと否定し、頭では分かっているはずの解決策を、うまく取り入れることができない自分に対して激しい怒りを感じるのである。このような状態で、クライアントに新たな解決策を提示したり、それを実行する努力を求めると、クライアントの葛藤をさらに激しいものにしてしまう。このような場合、具体的な問題解決は先送りにしておき、クライアントが自分自身に向けている否定的な感情を処理できるように援助するのである。

この事例では心身共に消耗しきったクライアントを、まずはゆっくりと休ませることが重要である。精神科医の行う薬物療法の効果を生かし、病棟でゆっくりと休養をとることが当面の目標となる。入院直後のクライアントの症状によっては、ほとんど一日中眠っているようなこともある。この段階では無理にカウンセリングを行わず、ベッドサイドでの声かけ程度にとどめ、クライアントのエネルギーの回復を待つ方がよい。

クライアントが徐々に回復して来ると、カウンセラーはその関わりを深めていくが、しばらくの間はクライアントにただ話させてあげるようにする。自分自身への怒り、後悔、そして情けない気持ち、さまざまな感情が溢れ出して来るかもしれないが、それを否定せずしっかりと受け止めることが大切である。客観的な判断や、現実的に思える解決策を提示するよりも、まずはクライアントの主観にとっての真実を理解するようにつとめるのである。

ただしこの場合、カウンセラーが注意しなければならないことがある。それはクライアントがあまりにも感情的になり、混乱してしまうことである。あまりにも激しい感情の表出は、かえってクライアントを傷つけてしまうこともある。カウンセラーはクライアントの状態を見きわめながら、適度に制限を加える必要がある。具体的には、面接時間を短めに設定して、必要以上にクライアントの想起を進めないようにしたり、クライアントが混乱しそうになったとき「これ以上そのことを考えると辛くなってしまうようですね、少し休んで落ち着いた頃に考えるようにしましょうか」などと提案する。このような関わり方には定型などないので、事例の内容に応じて柔軟に対応する必要がある。

肯定的な側面を伝える

次にインターベンションのカウンセリングでは、クライアントの肯定的な側面を伝え返していく。クライアントは、いかに自分が無能で周囲に迷惑ばかりかけてきたか、ということばかりを繰り返すかもしれない。もちろんその辛い思いを否定せずに受け止めるのだが、いつまでもそれを続けるわけではない。クライアントの状態、カウンセラーとの関係性などをよく観察した上で、クライアントの肯定的な側面を伝え返し、明確化していくのである。

クライアントの肯定的な側面とは、クライアントがこれまで頑張ってきた部分、うまくできている部分などである。事例のクライアントも、自分では全くできていない、自分はだめだと感じているが、実際にはここまでなんとか一人で頑張ってきた部分がある。部下をうまく指導することができず、自分が仕事を抱えてしまったクライアントも、逆を言えば自分一人でなんとか仕事を進めようとして奮闘してきたと言える。このようなクライアントの肯定的な側面を、カウンセラーの主観としてすなわち「私はこう感じています」という形で伝え返していくのである。

このときのカウンセラーの言葉は、決して表面的なものであってはならない。ひたすら自分を否定し続けるクライアントの言葉の中にも、肯定的な部分がいくつもちりばめられているものである。そういった部分に気づけないクライアントに代わって、カウンセラーが積極的に気づき、明確化する必要があるのだ。混乱した状態ではまず受け入れられないことも、十分に休養をとって落ち着いた状態で、信頼できるカウンセラーから伝えられると、少しずつ受け入れられるようになってくるのである。

自分自身の肯定的な側面に気づき、それを受け入れられるようになって来ると、クライアントの心理状態はさらに落ち着きを取り戻す。カウンセリングの定義にもあったように、クライアントの心理状態が落ち着いただけで、すでに問題が問題でなくなっていることもある。何らかの失敗が原因で、歯車が噛み合わなくなったクライアントが、心理的に落ち着きを取り戻すことで、本来の状態に立ち直ることは多い。例えばこの事例のクライアントの場合、完璧な中間管理職でなければならないという二分割思考があったとしても、うまく行っているときには問題にならないこともある。そのためクライアントが心理的落ち着きを取り戻した段階で、カウンセリングが終結を迎えることもある。たとえ認知のゆがみがあっても、エネルギーがわいてきて、今のままの自分で大丈夫だと思えるようになれば、それでよいのである。

具体的問題解決の援助

心理的に落ち着きを取り戻し、今のままの自分で大丈夫だと思える状態は、クライアントが成長する機会でもある。この落ち着いた状態でこそ、クライアントは自分を変えるための、冷静な自己理解を進めることができるのである。カウンセリングの定義にもあったように、クライアントが望む場合は、より建設的な方向の意志決定と、問題解決へのプロセスを援助する。ここで言う問題解決とは、認知の修正であったり、具体的なスキルの獲得であるかもしれない。ここからの問題解決は、認知療法を初めとする心理療法の中から、カウンセラーが得意とするものを選んで取り入れていけばよい。

しかしながらカウンセリングの目的はあくまでも、問題解決へのプロセスを援助することにあるということを忘れてはいけない。認知の修正やスキルの獲得を目指しつつも、その過程でのクライアントの状態をしっかり観察し、さまざまな心理的葛藤と向き合うための援助を行う必要がある。

ここまでインターベンションのカウンセリングについて、その内容を順に説明してきた。まずはクライアントを休ませる、クライアントの話を否定せず受け止める、そしてクライアントの肯定的側面を明確化し、最後に具体的な問題解決を援助する。しかしながらこれらの機能は、常に順序よく進んでいくわけではない。複数の機能が、同時に関係しながら進んでいくのが普通である。すべての事例には独自性があり、全く同じ事例など存在することはない。カウンセラーはそのことをよく理解して、マニュアル通りのカウンセリングに陥ることなく、目の前のクライアントをよく観察しながら、柔軟な姿勢で関わっていかなければならない。

(4) 社会復帰支援

インターベンションにおいて、さらにカウンセラーが果たす役割がある。それは社会復帰支援である。病院や相談室にどのようなスタッフが所属しているかによって、支援のあり方に違いはあるかもしれないが、カウンセラーには心理学的な立場からの支援が求められる。ここでは社会復帰訓練のあり方について、カウンセラーの立場から検討してみたい。

クライアントの社会復帰は、クライアント一人の問題ではない。クライアントが元の社会に復帰していくということは、クライアントを取り巻く周囲との関係性の中に復帰していくということなのである。

よってここでは、まず自殺未遂をしたり、希死念慮を抱いたクライアントが、復帰していく環境とはどのような状態なのかについて明らかにする。

そして次に社会復帰支援の具体的な進め方について検討していくことにする。

クライアントが復帰する環境

第一章でも述べたように、自殺は死にゆく人だけの問題ではない。自殺者の背景には少なく見積もっても、その約一〇倍の自殺未遂者がおり、一件の自殺や自殺未遂によって、五〜六名の人がきわめて重大な心理的影響を受けていると言われる。クライアントが復帰していく社会には、このようにクライアントの希死念慮や自殺未遂によって、強い心理的影響を受けた人がいるのである。

身近に自殺を経験した人がどのような心理状態におかれるかについて、『自殺のポストベンション』（高橋祥友、福間詳・編、医学書院、二〇〇四年）に詳しく述べられている。ここではそれを参考にしながら、希死念慮や自殺未遂によって身近な人々が、どのような影響を受けるのかを考えてみたい。『自殺のポストベンション』では自殺発生後、身近な人に起こり得る反応として、次の一〇項目を紹介している。

① 身体的な症状

眠れない、いったん眠ってもすぐに目が覚めてしまう、食欲がない、息苦しい、過呼吸、心臓がドキドキする、どことなく身体の調子が悪い、力が入らない、疲れやすいなどの身体的な症状が出ることは珍しくない。単に心理的原因から生じた症状ばか

コラム 8

カウンセラー自身のケア

クライアントの死にたい気持ちと向き合うことは、カウンセラーのこころにも大きなストレスをもたらします。カウンセラーも生身の人間である以上辛くなることも、押しつぶされそうになることもあります。そんなとき慣れないうちは、「カウンセラーの私がこんなことではいけない」と思いやすいものですが、それは違います。

カウンセラーがこころの専門家であるからこそ、自分自身もまた傷つきやすいこころを持っていることを自覚しておく必要があるのです。

著者らは自殺のポストベンションという活動で、自殺によって遺された人々の心理的サポートを行っていますが、これは非常に辛くストレスのたまる活動です。この活動が終了した後には必ずミーティングを行うようにしています。ミーティングといっても、活動内容についての問題点や対策を明らかにするためだけに行うのではありません。活動を通してメンバーそれぞれが、どのような体験をしたか、どのような感情を抱いたかについても話し合います。話し合いの中で、辛いと感じていたのは自分だけではないことに気づいたり、感情を自由に表現することで、メンバーの気持ちが整理されていきます。カウンセラーがこころの専門家であるからこそ、積極的に自分のこころをケアできるような工夫をしておきたいものです。

りでなく、実際の身体的な病気になってしまうことさえあり得る。

②さまざまな形の「なぜ」

自殺が病死や事故死と決定的に違う点は、「なぜ死んでしまったのかがわからない」ということである。遺書があったとしても、「そうだったのか」と納得できることはむしろまれであり、「なぜ、こんなことを考えてしまうようになったのか」「なぜもっとほかの考え方ができなかったのか」「なぜ家族の悲しみを考えてくれなかったのか」と新たな疑問に発展していくことが多い。

③自責感、無力感、自信喪失

「なぜ自殺してしまったのか」という疑問に対する答えが出ない場合、原因を求めすぎるあまり、「自分が死に追いやってしまったのではないか」と考えるようになることは少なくない。「あのときもっと話を聴くべきだった」「死ぬほど悩んでいたことに気づいてやれなかった」など、自分の言動次第で自殺を防げたかもしれないのに、それができなかったという後悔の念がわき起こることもあり、無力感や自信の喪失にもつながる。

④ 不安、恐怖感

「原因のわからない死」は、それだけで人々の恐怖をかきたてる。原因がわからないから、これから自分を守るため、他の大切な人を守るためにどのような対策をとればよいかわからない。もしかしたら自分や他の大切な人も、いつか自殺してしまうのではないかという不安が生じる。自殺の第一発見者の場合は、あまりにも衝撃的な体験であるため、その光景が頭から離れず、その光景を突然思い出したり（フラッシュバック）、悪夢にうなされたりといったことがよく起きる。

⑤ 怒り、イライラ

どこにぶつけてよいかわからない怒りやイライラを感じることは多い。この怒りは、「どうして自殺なんかしたんだ」と自殺した人に向けられることもあれば、「職場でもっと気をつけてくれていれば」と他人に向けられることもある。この怒りには正当な根拠がある場合ばかりではなく、責任転嫁であったり、言いようのない怒りをぶつけるところがなく、無理矢理、怒りのはけ口を見つけたものであることも多い。

⑥ 自殺した人のことばかり考える

原因を追及するこころの動きとも関連するが、自殺する前に何を考えていたのか、どんな心境だったのか、あれこれと思いを巡らせることをやめられない、といったことがよく起きる。

⑦ 抑うつ

涙が止まらない、何も手につかない、注意が集中できない、何に対しても興味がわかない、楽しくない、なんとなく落ち着かない、急に不安になる、といった状態である。これは自責感とも関連しており、抑うつがひどくなると、希死念慮にまで至ることもある。

⑧ 回避、隠蔽

衝撃的な出来事が起こった際に、「そのことを考えないようにする」「話題にしないようにする」「そのことがなかったかのように振る舞う」などといった回避的な対処行動をとることはめずらしくない。自殺が起きた現場をことさら避けて通るようなことも起こり得る。しかし表面ではその出来事を回避していても、頭の中では繰り返し考えていることも多く、不自然な抑圧によってこころのバランスを崩すことも少なくない。

⑨ 安堵感、救済感

長く病気を患っていた人や、問題行動を繰り返していた人が自殺した際など、遺された人々が安堵感や救済感を覚えることもある。生前の故人の状況があまりにも悲惨で、苦痛に満ちていた場合、このような感情を抱くことは決してあり得ないことではない。しかし、このような感覚を持ってしまうことにより、「こんなことを考えるなんて、私はひどい人間だ、だからあの人を自殺に追い込んでしまったのだ」と自分を責めてしまうこともある。

⑩ 記念日反応

大切な人が自殺した後、いったんこころの整理がついたかのように感じていても、命日が近づくと悲しみがよみがえり、また「なぜ」の問いを繰り返してしまう。命日に限らず、故人を思い出させるような記念日に反応することもよくある。

身近に自殺を体験した人に、これらの反応のすべてが現れるわけではない。しかし遺された人々が経験する心理状態は、想像を絶するほど苦しくて複雑なものになる。身近に自殺を体験した直後に、あるいは時が過ぎてから、上記のような反応が現れることは十分に考えられるのである。

ここまで「自殺のポストベンション」から、遺された人々に起きる、心理的反応について述べてきた。次にこれらを参考にして、希死念慮や自殺未遂が、家族や職場など身近な人々にどのような影響を及ぼすのかについて考える。

希死念慮や自殺未遂の場合、既遂に比べて周囲の人々が問題をことさら軽視しようとする傾向がある。自殺という問題そのものがタブー視され易く、未遂の場合であっても、できれば事故として扱いたいという心理が働きやすい。希死念慮や自殺未遂の場合、事実そのものを隠蔽することもあり、こういった傾向が周囲の人々の心理をより複雑にする。クライアントの命が助かったからと言って、周囲の人々のこころが既遂の場合より落ち着いているというわけではない。このことをよく理解しておかなければならないのである。

身近な人の希死念慮や自殺未遂と遭遇すると、たいていの場合、驚愕、強い不安や恐怖などの激しい感情に圧倒される。身近な人が死のうとした原因が、全く分からないことがそれらの感情をさらに複雑にしていく。

「なぜ死のうとしたのか」「他に方法はなかったのか」、そして「どうして相談してくれなかったのか」「なぜ私を遺して自分だけで……」と不安はより複雑な不安や怒りへと形を変えていく。やっと一命を取り留めた身近な人を目の前にして、そういった気持ちを口に出せない苦しさもある。助かってくれてよかったという思いと、その人に対する怒りの気持ちが同時に胸の内にあるという、苦しい状態が続くのである。

また、既遂の場合と同じように、「この人が死のうとしたのは自分のせいだ」という強い自責感も生じやすい。自責感が強いほど「また同じことが起きるのではないか」という、再発への不安や恐怖が襲ってくる。未遂の恐怖を一度体験しただけに、いつまた自殺するかもしれないと言う恐怖は計り知れないものである。

特に未遂の現場を直接見た人の場合、現場の光景が脳裏に焼き付いてしまいPTSD（心的外傷後ストレス障害）のような症状にまで発展する場合もある。自殺に対する恐怖や不安があまりに強いと、希死念慮の存在や自殺未遂の事実そのものを、「思い出したくない」「考えたくない」という心理が働く。

すでに述べたように、まだまだわが国では自殺をタブー視する傾向が強い。このような社会的背景とも相まって、自殺未遂の場合も事実そのものを隠蔽しようとすることがある。ある家庭では娘が自殺未遂をしたことを、絶対に他人に悟られてはいけないと箝口令《かんこう》を敷いたと言う。

身近な家族が自殺未遂をして、家族全員が激しく混乱しているのに、それを誰にも相談できないばかりか、そのことを忘れてしまおうとするのである。これはきわめて不自然な心理状態であり、このような状態はこころの傷をさらに広げてしまいかねない。

次に未遂の場合にも安堵感や救済感が問題となる。長期間の介護や酒癖や借財の問題など、これまでの日々が苦しかった場合ほど、「いっそのこと死んでくれたら」という、決して声に出せない思いを抱くこともある。一命を取り留めたその人を前にして、「助かってよかった」という思いと正反対の思いが同時に存在する。この愛憎相半ばする感情は、それだけでも大きな苦しみをもたらす。同時にそのような否定的な思いを持ってしまった自分に対する、激しい怒りと後悔もまた自分を苦しめるのである。

このように身近な人の希死念慮や自殺未遂によって、周囲の人々が重大な心理的影響を受けることが明らかになってきた。その影響は既遂の場合と比較しても決して小さくはない。それどころか引き続き自殺の危険性と隣り合わせにある分、むしろ強くなる側面もある。すでに述べたようにこの場合の社会復帰とは、クライアントが周囲との関係性の中に復帰していくことを意味しているのである。クライアントが復帰していく環境がどのようなものなのか、周囲の人々はクライアントをどのように受け止めているのか、それらをよく理解した上でカウンセラーはクライアントの社会復帰を支援しなければならない。

社会復帰支援の要領

社会復帰支援は、クライアントがどのような社会に復帰するのかによって、さまざまな形態が考えられる。自宅療養中のクライアントの場合、職場や学校への復帰が目標となり、入院しているクライアントの場合はそれに家庭、地域などが加わる。それらの場所に、クライアントがより円滑に復帰していく過程を、支援することが目的となる。

社会復帰支援を計画する上で重要な考え方は、まずハードルの低いところから始めることと、無理せず段階的に進めていくことである。精神科に限らず患者が退院するときは、一〇〇％健康な状態になっているわけではない。七～八割、場合によっては五割くらいの状態で退院することもある。退院時に不十分なところは、日常生活の中で徐々にリハビリしながら回復していくのである。したがって社会復帰支援においても同様にクライアントにとって、最も取り組みやすい課題から始めるのである。例えば最も抵抗なく復帰できそうなところが、自宅なのか両親のいる実家なのかを検討するのである。一般的には家庭に復帰してから、職場復帰に進むケースが多いが、家庭に問題を抱えているクライアントの場合は、入院したまま日中のみ職場に顔を出すという方法も考えられる。これは著者らが所属している病院が職域病院であり、密接に職場と連携することができるからこそ可能な方法であり、一般の病院や相談室では難しいだろう。ただ、社会復帰支援には定型などないので、それぞれの環境でできるだけ有効な支援ができるように、柔軟な工夫が求められるのである。ここでは著者らの活動を参考にして説明していくが、その中から何か一つでも参考にしていただけたらと思う。なお、社会復帰支援を計画するにあたって、複数の医療関係者や家族、知人、職場の人々との連携が不可欠であることは当然である。

次に社会復帰支援は、より段階的で無理のないように計画されるべきである。入院しているクライアントが退院して自宅に帰る場合、たとえ慣れ親しんだ家庭であっても、段階的に進めていく配慮が必要である。希死念慮や自殺未遂にはそれだけ深刻な影響があるのだ。

復帰するクライアントを受け入れる側の、職場や家庭の人々の心理についてはすでに述べたが、復帰するクライアント自身ももちろん複雑な心理状態にある。希死念慮や自殺未遂によって、周囲に大きな迷惑をかけてしまったという思い、復帰してもまた同じような状態になってしまうのではないかという不安、何とか頑張らなければという焦りなど、さまざまな気持ちが複雑に入り交じっていることが多い。

特に、周囲に対して迷惑をかけたという気持ちが強い場合、クライアントの社会復帰への思いは焦燥感を伴いやすい。焦りの気持ちは冷静な判断を鈍らせ、クライアントの行動に空回りを生じさせ、結果的に心身のエネルギーを消耗させてしまうのである。このような事態をさけるためには、段階的な社会復帰を計画する必要がある。例えば職場に復帰する際、いきなり完全復帰を果たすのではなく、最初の一週間は午前中のみの勤務で様子を見るといった工夫も必要になる。週末の受診の際に、職場に行ってみて感じた手応えについてカウンセラーと話し合う。特に問題なく勤務できたのであれば、翌週は少し勤務時間を延ばすように計画する。段階的に考慮するのは時間だけではない。仕事内容についても、当初は軽めの作業から初めて、徐々に負担を増やしていくなどの工夫も重要である。

このように社会復帰支援においては、取り組みやすい課題から始め、段階的に進め

クライアント自身のモチベーションも高まるし、話し合いの段階でクライアントの焦りや不安などの感情を扱うことができるので、社会復帰自体がスムーズに進みやすくなるのである。

ていくように計画することが重要である。そして、その計画を立てる段階から、クライアント自身にも参加してもらうことが望ましい。その方が復帰に対するクライアントの焦りや不安などの感情を扱うことができるので、社会復帰自体がスムーズに進みやすくなるのである。

またこの段階から、職場や家庭との連携をしっかりとっておくことが重要である。クライアントを受け入れる側の心理については、すでに紹介したように強い不安を抱いていることが多い。社会復帰の計画段階から、その目的や実施要領などについてしっかりと説明しておくことで、不安を軽減し、より安定した受け入れ環境を準備することができる。そして職場や家庭との連携は、実際に社会復帰が始まっても、継続していかなければならない。もちろんカウンセラーにとって最も大切なのはクライアントであることに違いないが、職場や家庭の人々もまた複雑な気持ちでいることを忘れてはならない。クライアント一人がいかに頑張ったとしても、周囲の人々が不安定な状態であると、結局はうまく行かないことが多い。社会復帰は関係性への復帰であるという原点に返らなければならないのである。

さて実際に社会復帰の過程が動き始めたならば、カウンセラーは定期的なカウンセ

コラム 9
上手な比喩と言い回し

よいカウンセラーは比喩が上手だと言われます。比喩とはたとえを使って、物事をわかりやすく説明することです。カウンセラーはクライアントの話をただ聞くだけではなく、要点をまとめてクライアントに戻したり、必要な情報をわかりやすく説明することも重要な仕事です。

特に自殺予防のカウンセリングでは、心理教育が重要な意味を持つことになるので、カウンセラーがどの程度上手に説明できるかは大きな意味を持ちます。いくら正しいことを一生懸命に説明しても、それがクライアントに伝わらなければ全く意味がありません。

カウンセラーがクライアントに説明しなければならないことは、形のない抽象的な概念であることが多いので、具体的でわかりやすい説明をするように工夫しなければなりません。例えば著者の場合、希死念慮のあるクライアントに休養を勧めるとき、クライアントが若い男性の場合は自動車のたとえをよく使います。

「自動車だってあんまりエンジンを吹かして高速道路を突っ走っていると、オーバーヒートしてしまうでしょう。そんなとき無理にアクセルを踏んでいると、エンジンが焼き付いて壊れてしまいます。時にはサービスエリアに入って、エンジンを冷やすことだって必要ですよ。ゆっくり車を休めて、あなたも一息入れて、また走り出せばいいじゃないですか」

リングを通して、社会復帰がより円滑に進むように援助していく。具体的にはそれぞれの段階で、どの程度目標が達成されているかを確認する。順調であれば次の段階に進み、問題点があればその段階の計画を修正する。ここで大切なのはうまく行かなかった場合、無理に再挑戦させないことである。行動療法などでも同じような考え方をするが、目標が達成できなかったときは、計画そのものに無理がなかったかを検討する。一度つまずいたハードルを、何とか越える努力をするのではなく、その状態で越えられるハードルを新たに用意するのである。ぎりぎりの挑戦をするよりも、クライアントが確実に目標をクリアして達成感と自信を得ることの方が重要なのである。

社会復帰の進み具合を評価していく段階でも、クライアントが達成感と自信を感じることができるように工夫する。実際にはいろいろとうまく行かないことも出て来て、一朝一夕にはいかないものである。思うようにいかず悲観的になっているクライアントの気持ちに共感することも大切だが、カウンセラーはより客観的な視点で、うまく行っている部分にもしっかりと目を向け、それをクライアントに伝え返し明確化していかなければならない。

社会復帰支援は、インターベンションの中でも最も重要でかつ困難な段階であると言える。クライアントの状態も受け入れる環境の状態も、まさにケースごとに異なるからである。ここまで著者らが述べてきたことは、あくまでも著者らの経験の中で積み上げてきたものにすぎない。実際に社会復帰を支援する場合には、それらを参考にしながらも、ケースの特性に応じて柔軟に工夫する姿勢が求められるのである。

五　ポストベンションにおけるカウンセラーの役割

(1)　ポストベンションの位置づけ

これまで自殺予防のカウンセリングについて、プリベンション、インターベンションと順を追って説明してきたが、ここからは最後の段階であるポストベンションについて説明する。自殺予防の三段階のうち、最も理解しづらいのがこのポストベンションであろう。なぜならポストベンションの段階では、すでに自殺が発生してしまっており、亡くなってしまった人自身に対するケアが不可能だからである。

したがって、ポストベンションの目的は、不幸にして自殺が起きてしまった場合、遺された人に及ぼす影響を最小限に食い止めるために、こころのケアを行うということになる。

すでに述べたように身近な人の自殺を経験した人は、きわめて強い心理的影響を受ける。自殺によって遺された人々が受ける心理的影響は、多くの場合一過性のものとして解消するが、中には不安障害、うつ病、ＰＴＳＤ（心的外傷後ストレス障害）などを引き起こす場合もある。そしてこれらの症状と複雑な心理状態によって、遺された人々もまた自殺の危険にさらされることがある。自殺のポストベンションはこれらの影響を最小限に抑え、遺された人々のこころの健康を保つために行うのだが、中でも群発自殺（clustered suicide）の防止には最も気をつけなければならない。

群発自殺とは、ある人物の自殺が他の複数の自殺を引き起こす現象のことである。わが国でも、一九八六年四月に人気アイドル歌手だった岡田有希子さんの自殺の後、多くの若者が後追い自殺をして社会問題になったことがある。

最近でもインターネットで知り合った若者が、車中で練炭を焚いて集団自殺を図る事件が続いている。これらの事件からも自殺がきわめて強い影響力を持っていることがわかるが、自殺の連鎖はこのように大規模なケースばかりではない。アイドル歌手の自殺や集団自殺などセンセーショナルに報道される場合だけでなく、身近なところで発生し、決して報道されることのない自殺もまた、連鎖自殺の危険性をはらんでいる。

著者らがこれまでに関わってきた自殺のケースでも、明らかに他の自殺の影響を受けて発生したと考えられるケースがあった。このことから一件の自殺は、身近な人々に重大な心理的影響を及ぼすだけでなく、最悪の場合群発自殺を引き起こす可能性があると言えるのである。

自殺を予防することに全力を尽くさなければならないということは当然である。しかし、不幸にして自殺が起きてしまったときには、二件め、三件めの自殺が起きないように、遺された人々へのケアが必要になる。そのため自殺のポストベンションは、自殺発生時の事後処理という意味合いと、そこから派生する新たな自殺の予防という二つの意味を持つことになる。プリ

図4：自殺予防の循環モデル

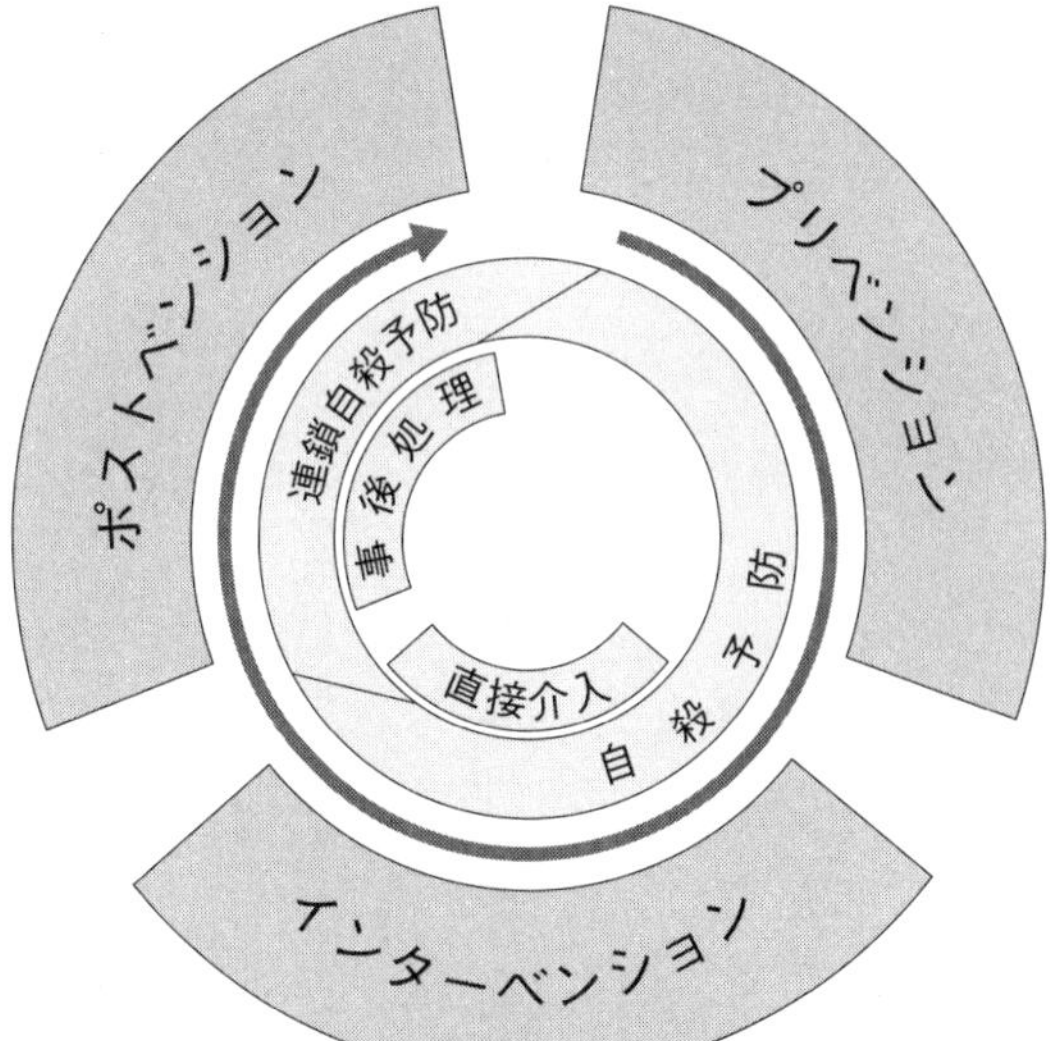

ベンション、インターベンション、そしてポストベンションと三つの段階からなる自殺予防活動は、時系列による直線的な関係にあるのではなく、図4のように循環的な関係にあると考えることができる。そしてそのことが、ポストベンションもまた自殺予防の一段階として扱われる理由なのである。

ポストベンションについては『自殺のポストベンション』（高橋祥友、福間詳編・医学書院、二〇〇四年）に詳しく紹介されているので、自殺予防に取り組もうと考えている人はぜひ一読していただきたい。ここではポストベンションについて概要を説明した後に、カウンセラーが果たすべき役割の中から、重要な項目に要点を絞って紹介する。

(2) ポストベンションの内容

著者らが行っているポストベンション活動は、自殺が発生した職場などの組織を対象として、専門家によるチームが派遣されるという形で行われる。ポストベンションの形態には、このように組織を対象にして大掛かりに行う場合と、個別の面接や診療の中で身近な人の自殺を扱う場合がある。いずれの場合も突然の自殺で身近な人を亡くし、混乱している人々のこころのケアを行うことを最優先に活動する。著者らのポストベンション活動においては、現場からの要請があって初めてチームが派遣される。自殺をタブー視する傾向があるわが国では、ポストベンションの必要性は理解されにくいし、職場で自殺が発生したことの責任追及の調査と誤解されやすい。ポストベンションを行う場合は、常に対象者の心理的抵抗に十分配慮することが重要なのである。ポストベンションはあくまでも遺された人々に対するこころのケアであるべきなのだ。

職場で発生した自殺に対して、ポストベンションを行う場合の大きな流れは図5のようになる。まずはじめに現場の責任者など、今回発生した自殺の概要をよく把握している人から、説明を受けてその全容を把握するようにつとめる。そして職場の人々がどのような影響を受けてい

図5：ポストベンションの流れ

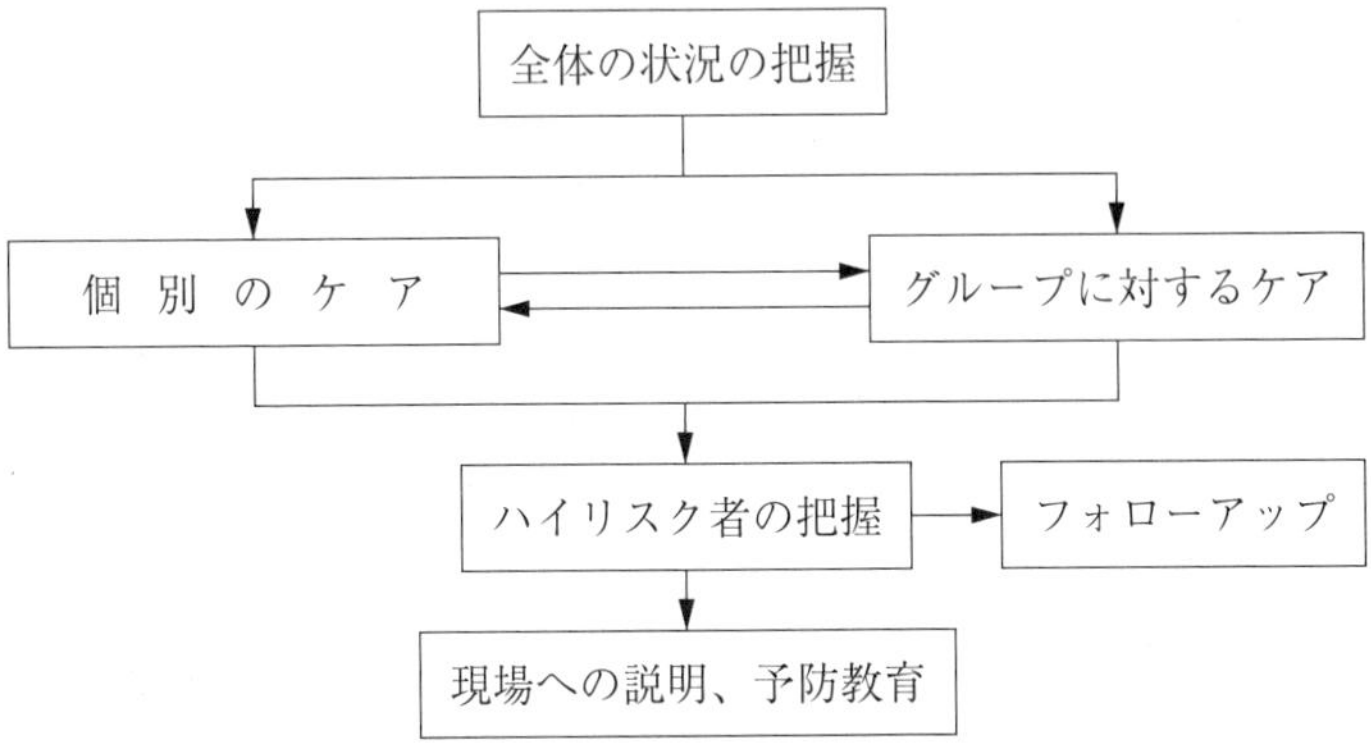

るのか、特に強い影響を受けている人はいないかについて情報を集め、具体的な活動の方向性を決定していく。

職場の規模が大きい場合は、すべての職員と面接するわけにはいかないので、強く影響を受けている人を抽出して、個別のケアかグループのケアを行う。カウンセリングを個別で行うかグループで行うかは、ケースの特徴や影響の内容によって検討して決定する。一般に個別のカウンセリングは、故人と個人的に親しかった人など、特に影響を強く受けている人に適している。一方、グループのケアは、同じ部署で勤務していたグループなど、同じ体験をした人々への対応に適している。

(3) ポストベンションのカウンセリング

ポストベンションのカウンセリングを行う場合、カウンセラーは自殺によって遺された人々の心理状態についてよく理解しておく必要がある。詳しくはインターベンションの項で紹介したように、遺された人々の心理状態はきわめて複雑である。驚愕、悲しみ、不安恐怖、怒り、自責感などさまざまな感情が入り交じり、圧倒されそうになっている。カウンセラーはそれを理解した上で、クライアントの複雑な感情に丁寧に共感していく。しかしながら多くの場合じっくりと話を聴くだけでは、なかなかクライアントの混乱は治まらない。むしろ話せば話すほどクライアントの思考は、自虐的で悲観的な傾向を示すようになることもある。こういった傾向には理由があり、その第一は情報の不足であると考えられる。

情報の不足

そもそも自殺という事態そのものが、得体の知れないものとして受け止められていることが多く、それが身近に発生したことだけで遺された人々は強い不安や恐怖を感じる。また、自殺の本当の原因がわからないことが多く、さまざまな形の「なぜ？」が溢れ出るが、ほとんどの問いに答えを見つけることができない。身近な人が亡くなったのにその理由すらわからない、この状態は非常に不安定であり、遺された人々に耐えがたい苦痛をもたらす。

それでもなお遺された人々は「なぜ？」の問いを発し続ける。そして多くの人々が最終的に、「自分に責任があったのではないか？」という結論を下してしまいがちになる。

自殺をタブー視する傾向

このような自虐的な思考に輪をかけてしまう第二の理由がある。それは自殺をタブー視する傾向である。自殺は恥ずべきこと、秘密にしなければならないことであるという考えが強いと、自殺に関する客観的な情報が封印されてしまい、周囲の人々はさらに情報不足の状態に置かれてしまう。また、それぞれが抱いている複雑な感情を、自由に話し合うこともできず、限られた情報の中で思考の悪循環が起きてしまうのである。

情報提供の必要性

このように遺された人々の心理状態を、情報の不足がより複雑なものにしていることがわかる。よってポストベンションのカウンセリングにおいては、カウンセラーはより積極的に情報を提供していくことが重要である。詳しくは心理教育の項（一八七頁）でも述べるが、自殺という事実をタブー視するのではなく、客観的事実に基づく情報提供を行うことで、クライアントの自責的な思考パターンは少しずつ解消していく。多くの自殺の背景にはうつ病などの精神疾患が隠されている場合が多いが、専門的な立場から、うつ病が自殺の原因であったと説明されると、周囲の人々の自責感を軽減させることができる。

自殺が起きる前には何らかの兆候が見られるといわれるが、それらは非常に微細な兆候で、散発的なものであることが多い。実際には周囲の人々が気づかなくても無理はないことが多い。しかしそれらの兆候も、ポストベンションの活動の中で複数の人々から情報をもらい、専門的に分析することで自殺の兆候が明らかになることが多い。そしてその兆候は多くの場合、うつ病や急性ストレス反応などの症状に当てはまる場合が多い。このような場合は、自殺の直接の原因が周囲の人々の関わりによるものでなく、うつ病などの精神疾患によるものであったという明確な説明によって、遺された人々の自責感を軽減することもできる。これまで全く理由のわからなかった自殺に、うつ病というはっきりとした理由が見つかることで、自殺は得体のしれないものから説明できるものに変わっていく。

もちろんすべての自殺の原因がうつ病であるというわけではない。しかしながらその場合も、ある単一の出来事が原因となって発生するわけではなく、複数の要因が重なり合った結果として自殺が発生していることが多い。一見すると借財や仕事のストレスが原因であると思われる自殺も、よく調べてみるとそれ以外にも複数の要因が重なり合っているものである。

それらの要因は、第一章に述べた自殺の危険因子のいずれかに当てはまることが多いので、参考にしてほしい。このように自殺が複数の要因が重なり合った結果生じたものであるという説明も、遺された人々それぞれの自責感を軽減させる働きがある。

ポストベンションのカウンセリングにおいては、基本的なカウンセリングをベースとしつつも、より積極的な情報提供によって、自責感を初めとする遺された人々の感情の処理を援助するのである。

(4) ディブリーフィング（debriefing）（グループカウンセリング）

著者らが行うポストベンション活動の中では、必要に応じてディブリーフィングというＣＩＳＭ（critical incident stress management：緊急事態ストレスマネジメント）の技法を応用している。ディブリーフィングとは、同じ体験をして中等度の影響を受けた人々を対象として行なうグループカウンセリングの一種である。自殺のポストベンションにおいては、故人と同じ部署で勤務していた人々や、同じサークルで活動していた人々などのグループで行なうことが多い。ディブリーフィングはディブリーファーの進行に従って、参加者が自由に発言するという形で進められる。

参加者がそれぞれの体験や感情などについて語っていくことで、仲間の自殺に関する情報を共有し、感情を整理して、グループとして危機を乗り越えていくのである。

ディブリーフィングを行なう際の注意

はじめに断っておくが、ディブリーフィングなどのグループワークではグループの持つ力を利用するため、強力な効果が得られる反面、失敗すると逆に参加者を傷つけてしまうこともあり得る。そのためディブリーフィングを行う場合は、豊富な経験と知識を十分に備えておく必要がある。書籍から知識を得ることはもちろん、経験豊富な指導者のもとで十分なトレーニングを積んでから実践するよう心がけてもらいたい。すべての状況に一律に応用可能な黄金律など存在しない。あくまでも、自分が活動する現場ではどの程度ここで解説する内容が応用可能かを検討してほしい。ここではディブリーフィングの概要のみ簡単に紹介する。

ディブリーフィングはミッチェル（Mitchell）らが米国で開発したCISMを参考にしている（ミッチェル、J.T.、エヴァリー、G.S.（高橋祥友・訳）『緊急事態ストレス・PTSD対応マニュアル』金剛出版、二〇〇二年）。著者らはポストベンション活動の経験の中で、より効果的なものにするための工夫を加えてきた。まずディブリーフィングを行う時期は、通常自殺が発生してから約一～二週間後あたりが望ましい。あまり早すぎると参加者の混乱が激しいし、通夜や葬儀にも参加しなければならず、落ち着いてディブリーフィングを行えるような状態ではない。葬儀は一般に考えられている以上に、遺された人々の喪の作業（悲しみを受け入れていく過程）にとって重要な役割を果たしており、故人をしのび、十分に悲しむための儀式として必要なのである。

またあまりに遅くなると、すでに気持ちの整理がついている人とそうでない人の間に温度差が生じるため、効果が得られにくくなることがある。

ディブリーフィングの実施時間は約一～二時間程度である。途中休憩などは取らず、全体の流れを大切にする。対象とする人数は一〇名程度が限界だろう、あまり多すぎるとグループとしての集約性が低下するし、スタッフの目が行き届かなくなる。参加するスタッフはディブリーファーが一名とピアスタッフが一～二名である。ディブリーファーは精神保健の専門家で、ディブリーフィングを進行していく。ピアスタッフは職場のカウンセラーや保健師など、なるべく参加者に近い人で、職場の雰囲気を十分に理解している人であることが望ましい。スタッフが複数参加するのは、参加者の反応をなるべく見逃さないようにするためである。

ディブリーフィングはカウンセリングルームと同じく、話が外に漏れず参加者が安心して話せる場所で行われなければならない。図6のようにスタッフを含むメンバーが輪になって座り、ディブリーファーがイニシアチブをとって進めていく。

図6：ディブリーフィングの配置

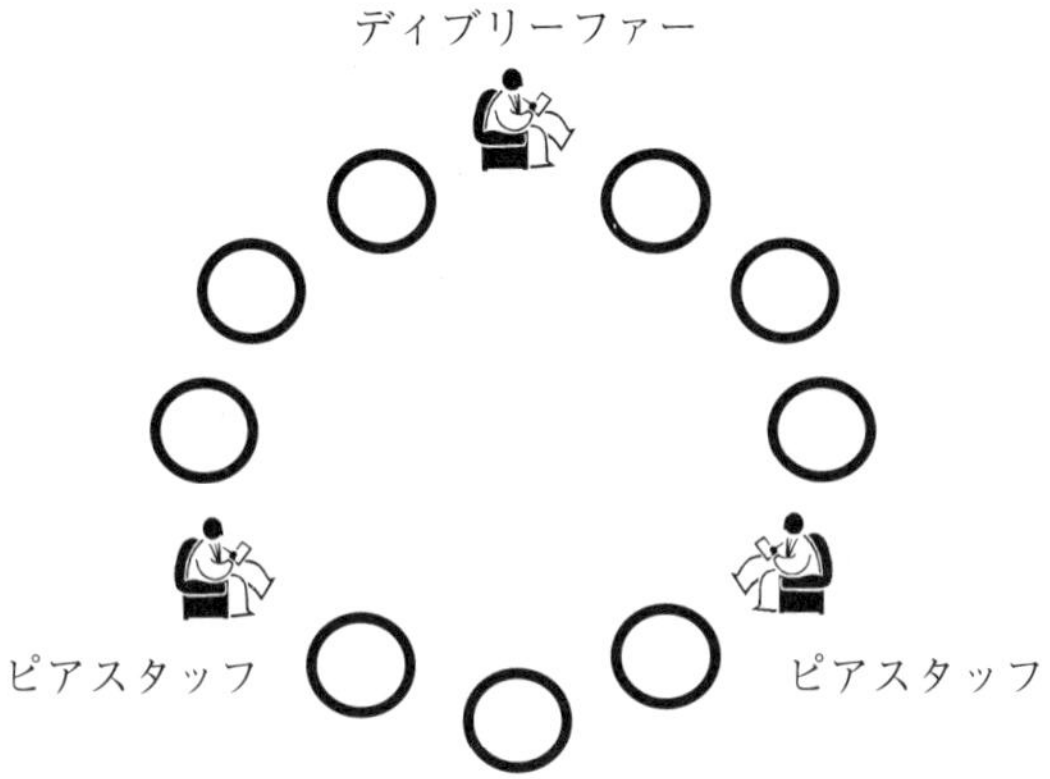

図7：ディブリーフィングの過程

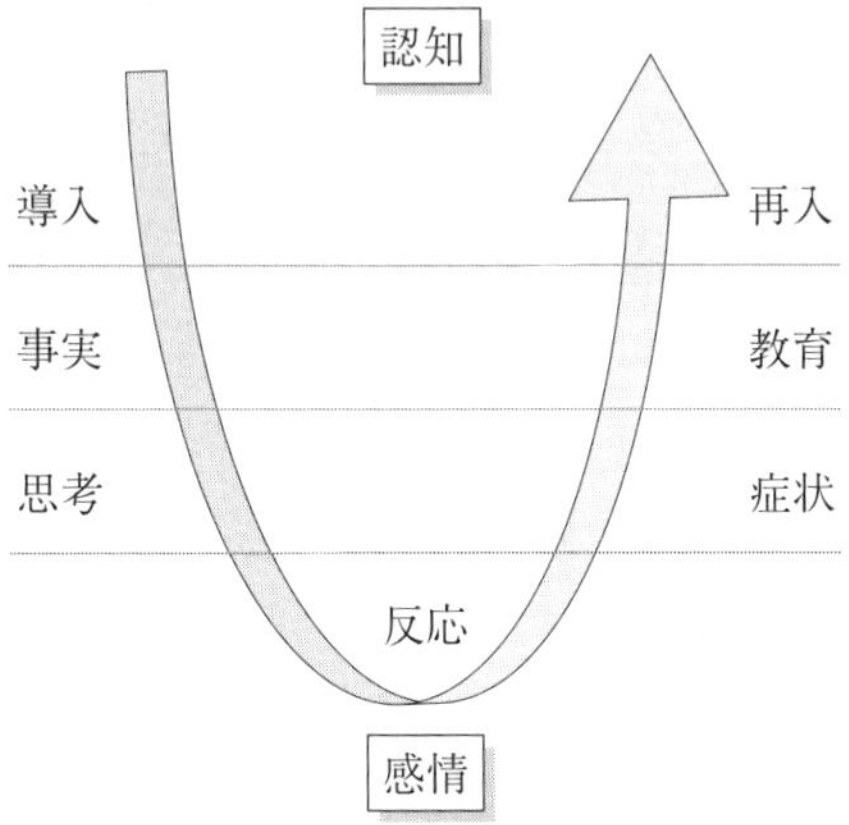

J.T.ミッチェル、G.S.エヴァリー　　高橋祥友　訳

ディブリーフィングの過程

ディブリーフィングの過程は図7のように、導入、事実、思考、反応（感情）、症状、教育、再入という七つの段階からなる。認知から感情へ、すなわち表層の部分から徐々に深い部分へと触れていく、そして最後にはフォローアップにつなげていくのである。

導入

導入ではスタッフの自己紹介、ディブリーフィングの目的や効果、そして実施上の注意事項などを説明する。ディブリーフィング実施上の注意事項としては、なるべく積極的に自分の内面を表現すること、相互に話した内容について秘密を守ること、相互の話をよく聴くこと、他人の意見を尊重し否定や個人攻撃をしないことなどがあげられる。ただし、感情を表現することを強制するような雰囲気は絶対に作ってはならない。話したければ話してほしい、もしも黙って他の人の話を聴いていたいという人の気持ちも尊重しなければならない。得てして、ディブリーフィングの害を議論されるが、感情の表出を強制することから問題が起きる例が多い。

事実

導入が終わると事実段階に入る。この段階では今回の自殺に関して、参加者それぞれが知っていることを相互に話すことで、グループとしての事実認識を統一する。故人の生前の様子や変化、自殺現場や発見の状況、事後対応や葬儀での各人の行動などについて明らかにしていく。多くの場合メンバーは、なぜ自殺が起きたのかわからない状態で自問自答している。あまりに情報が不足すると、自分の責任だったのではないかという結果にたどり着いてしまう。

あるケースではメンバーの一人が、一週間前に故人とささいなことで口論になったことが自殺の原因に違いないと発言した。しかし他のメンバーから、故人が全く別の問題を抱えて悩んでいたという発言があり、口論をしたメンバーの自責感がかなり和らぐことになった。

このように自殺の原因についての情報が得られることで、メンバーの自責感が和らいだり、メンバー間の誤解やわだかまりが解消することがある。

思考と感情

思考と感情の段階では、メンバーがどのように考えたり感じたりしたかを振り返ってもらう。この段階ではそれぞれのメンバーが、自分自身の内面を表現することで、他のメンバーも自分と同じように複雑な気持ちでいることを理解できるようになる。悲しみ、驚き、不安、怒りや自責感など複雑な感情が表現されることで、他人の気持ちを理解するだけでなく、自分自身にもそういった気持ちがあることに改めて気づくこともある。自分の気持ちへの気づきや、仲間もまた同じ様な気持ちでいることへの気づきは、「こんな気持ちでいてもよいのだ」という安堵感を生むことが多い。

症状

身体症状などの表現段階では、自殺発生後どのような症状が起きているかを確認する。不眠、食欲不振、動悸などの比較的よく現れる症状をディブリーファーの方から提示すると、それをきっかけにしてさまざまな症状について参加者が発言し始めることが多い。身体症状だけでなく、自殺が起きてから夜ひとりで眠れなくなったなどの訴えが聞かれることも多い。このような話し合いをすることで、メンバーは自分だけに奇妙な症状が起きているわけではないことに気づいて、安心することが多い。

教育

教育段階では、ディブリーファーがメンタルヘルスについての情報提供を行う。ここではまず、メンバーが訴える感情や症状が、異常な事態に遭遇した際の「正常な反応であること」を伝える。また今後、ある程度の時期をおいて出現する可能性がある症状などについても、あらかじめ説明しておく。そしてそれらが自然に解消しないような症状である場合は、精神科などの専門機関に相談する必要があることを説明する。スタッフによるフォローアップが可能な場合は、連絡先などを伝えておくのもよいだろう。

再入

再入段階では、今回の出来事について何か自分たちにできることはないかなどを話し合う。例えば職場のメンバーで行うディブリーフィングの場合、遺族に対する支援の具体的な要領や、オフィスの机の配置を変えるかどうかなどについて話し合うのも良い。この作業を通してメンバーの中に、自分たちにも積極的にできることがあるという自信とグループとしての団結が生まれるのである。参加者からの質問にもこの段階で答える。そして、最後には、故人を追悼するために、黙祷をしてディブリーフィングを終える。

なお、ディブリーフィングに際して、何らかの言動に気づかれた参加者にはかならず声をかけることを忘れてはならない。たとえば、ディブリーフィングの最中に、ひどく感情的になっていた人、押し黙って涙ぐんでいた人、身体を震わせて必死にこらえていた人などである。何らかの異常に気づいた人には必ず声をかけ、必要と判断すれば、個別に話を聴くことにする。個別のケアとグループに対するケアは相互補完的なものであることを忘れてはならない。

ここまでディブリーフィングについて紹介してきたが、これはあくまでも概要の説明にすぎないことを強調しておきたい。グループを対象にする場合は個別のカウンセリング以上に慎重な対応が必要である。実践する前に十分な知識と技術を身につけておくことが重要である。また、ディブリーフィングはすべてを解決する魔法の杖ではないことも理解しておかなければならない。ディブリーフィングはあくまでも現場におけるファーストエイド（応急療法）にすぎない。よってディブリーフィングを行う場合は、フォローアップのあり方についてもしっかりと検討しておかなければならない。

(5) ポストベンションにおけるアセスメント

ポストベンションにおいてもアセスメントは重要な意味を持つ。アセスメントが「援助の方針を検討するために、クライアントが抱えるさまざまな問題について、情報を収集・分析する一連のプロセスである」ことはすでに述べた。ポストベンションにおいてもアセスメントを一連のプロセスとして捉え、活動の終始を通じて継続して情報を集め、それを分析しなければならない。ポストベンション活動として介入する場合に行う、関係者からの情報収集のみがアセスメントなのではなく、カウンセリングやディブリーフィングなどすべての活動の中で、継続してアセスメントを行う姿勢を忘れてはならない。そして、アセスメントによって得られた情報は、速やかに援助活動全般に反映されなければならない。マニュアル通りのポストベンションを行うのでなく、それぞれのケース固有の状況をよく理解して、柔軟な活動を工夫することが重要である。

(6) ポストベンションにおける心理教育

心理教育についてももう一度その定義を確認しておこう。心理教育とはカウンセラーが専門的活動の中で関わる人々に対して、心理学を基盤にした知識や技能を提供することである。ポストベンションにおいても心理教育は重要な意味を持つ。

カウンセリングやディブリーフィングの項でも述べたように、カウンセラーは遺された人々が感情を整理するために、さまざまな情報を提供していく。カウンセラーは的確なアセスメントに基づき、遺された人々が必要としている情報を、適時適切に提供していくのである。情報提供はカウンセリングやディブリーフィングの中で行われることもあれば、教育という形で行われることもある。著者らが行うポストベンション活動の中でも、活動の最終段階で職場の人々に集まってもらい、自殺が発生するに至る過程や、その背景に隠されていたうつ病などの問題について説明することが多い。

このように客観的情報を提供することによって、遺された人々の自責感を軽減することができる。また自殺の原因がある程度はっきりすることによって、自殺は「得体の知れない現象」「対処できないもの」から「説明できるもの」「対処できるもの」へと変わっていく。このことは遺された人々のこころにある漠然とした不安や恐怖を軽減させてくれる。自殺は全力を尽くして予防すべきである。しかし、不幸にして起きてしまう自殺もある。その場合には、悲劇から私たちが何を学ぶことができるかを考えていかなければならない。

また職場の人々が同じ情報を共有することによって根拠のない噂や中傷を防ぎ、結果として職場の団結を向上させることにもつながるのである。

六　まとめ

本章では自殺予防のカウンセリングについて、自殺予防の三段階に分けて説明してきた。第一章において提議された、カウンセラーは自殺予防という問題にどのようにして関わっていけばよいのだろうかという問いに対する答えがここにある。

まず著者の定義では、カウンセリングはクライアントの意志決定を援助するプロセスということになるかもしれない。自殺予防のカウンセリングは、最も重大、かつ取り返しのつかない意志決定過程を援助するカウンセリングであると言える。そしてその意志決定過程は、希死念慮を生み出す混乱した異常な心理状態によって、ゆがめられているところにこのカウンセリングの難しさがある。多くの自殺は異常な心理状態がもたらす、誤った意志決定によって生ずる出来事であるという前提に立たなければ、自殺予防活動は全く成り立たない。カウンセラーは、そのことをよく理解した上で、クライアントに向き合う必要がある。

また、自殺予防カウンセリングは単独で存在するわけではない。自殺の危険性はあらゆる領域に関係する問題であり、すべてのカウンセラーが直面する可能性を有している。担当するクライアントの希死念慮に気づいたとき、慌てず対応できるように、普段から関心を持っておくことが必要である。

次に、カウンセラーが行うのはカウンセリングだけではないということも重要である。自殺は死にゆく人だけの問題ではなく、その人を取り巻く周囲の環境全体の問題である。カウンセラーにはカウンセリング、アセスメント、心理教育、コンサルテーションなどの専門的な機能を十分に発揮して、自殺問題を取り巻く環境そのものに働きかけていく姿勢が求められる。

第四章 事例

ここまで自殺予防のカウンセリングについて、三つの段階に分けてその内容を説明してきた。本章ではある事例を呈示して、実際の自殺予防カウンセリングがどのように行われるのかについて解説する。これまでに説明してきた知識や技法が、どのように使われているのかを理解していただきたい。なお、本事例はプライバシー保護のため、本人と同定できるような情報は変更してあることを断っておく。また本事例の中での著者の位置づけは、総合病院の精神科カウンセラーである。

(1) 受診まで

Ａ氏は四二歳の男性で、会社では営業一筋で歩んできたベテランである。仕事には誇りとやりがいを持ち、文字通り足で稼いできた多くの得意先からも大いに信頼されていた。明るく朗らかで、職場での人間関係もよかったＡ氏だが、こと家庭内に関してはうまくいかないことが多かった。二八歳の時に結婚したが、妻とＡ氏の実母（うつ病）との関係が悪いこともあって、三年前に離婚した。その後母親と同居することになったが、半年前に自宅で母親が首を吊って自殺し、Ａ氏が第一発見者となった。

母親が自殺した直後、Ａ氏も後追い自殺を試みたがたまたま訪れた職場の同僚に発見され、近くの精神科病院に約二ヶ月間入院した。退院後、酒浸りの生活が続き、仕事も満足にできないような状態になった。処方されていた睡眠剤をまとめ飲みしたこともあったという。心配した上司が職場の産業カウンセラーを紹介し，カウンセリングが開始された。カウンセラーによるカウンセリングの中で，強い希死念慮が確認されたため，普段から連携している総合病院の精神科受診を勧めることになった。

A氏は当初，精神科受診に対して強い抵抗を示し，何とか自分の力で解決すると訴えた。A氏に心理的抵抗があることに気づいたカウンセラーは，無理に精神科受診を勧めるのではなく，A氏の心理的抵抗を理解しようとした。カウンセリングの中でA氏は，以前母親がかかっていた精神科やA氏自身が自殺未遂の後で入院した精神科に，強い嫌悪感を抱いていることが明らかになった。母親が受診していた精神科では，医師はろくに話を聴いてくれずただ薬を処方するだけだった。不安と焦燥感が強かった母は，もっと話を聴いてほしかったに違いない。またA氏自身が入院した精神科では，まるで牢屋のような部屋に閉じこめられ，とても怖い思いをした。精神科は全く頼りにできないし，以前のように閉じこめられるのではないかという思いが，精神科受診を強く拒む理由であった。

カウンセラーはそのようなA氏の思いを受け止めつつも，今の状態を改善するためにはやはり精神科受診が必要であることを根気よく説明した。まず母親の自殺という悲しい出来事を体験した直後に、感情的に不安定な状態になることは決して珍しくないということを説明した。また悲しみのあまり自分自身も死んでしまいたいと思うことも、決して異常なことではないと伝えた。そしてこのような死にたい気持ちは、薬を飲んでゆっくり休養をとることで改善することを説明した。またこれから紹介しようとしている精神科とは、以前からしっかりと連携がとれており、信頼できる精神科医やカウンセラーがいることについても説明した。A氏はなおも受診を渋ったが、職場の上司や信頼できる同僚からも促され、結局は受診することに決めたのである。

その後、カウンセラーは、上司と同僚に対してつとめて早期に受診させること、受診の際には必ず同行することなどを依頼した。そして紹介先の病院に詳しく状況を説明して、受診の日程などについて調整を行い、A氏と上司に伝えた。

(2) 精神科受診

四月

A氏が精神科を受診してきたのはその翌日のことだった。上司と同僚に付き添われて受診したA氏は、アルコール臭を漂わせ、表情も暗く憔悴しきった様子に見える。昨日いったんは受診に同意し、カウンセラーに飲酒も止められていたのだが、夜一人になると寂しさがこみ上げてきた。母親の遺影を見ているうちにどうしようもなくなってきて，浴びるように酒を飲んでしまったという。付き添いの同僚は，昨夜A氏宅に泊まるつもりだったが，受診を決めて吹っ切れたかのようなA氏の様子に安心して，夜九時頃には帰宅したらしい。A氏はカウンセラーの予診に対して，やはり精神科に入院したくない，自分は何とか一人でやっていける，それに母親の仏壇やお墓の世話をするのは自分しかいないと涙を流して訴えた。カウンセラーはA氏の気持ちを受け止めながらも，現在の状態は精神科治療を必要とする状態であることを説明した。ここまで何とかひとりで悲しみと闘ってきたA氏の努力を認めつつも，今はこれ以上努力する時期ではないことを伝えた。

A氏はなお精神科受診そのものを渋ったが，カウンセラーの「今はゆっくり休んで，元気になることがお母さんの供養になるのでは？」という問いかけに涙を流して同意した。

その後医師による診察の結果，安静目的で任意入院となり薬物療法が開始された。なお，入院時診断はうつ病であった。

このようにいったんクライアントが精神科受診を受け入れても，その後決心がゆらぐことはよくある。その日のうちに受診できないような場合は，できるだけクライアントから目を離さないように身近な人に伝えておく必要がある。

また紹介された精神科カウンセラーの方も、クライアントに受診意欲があると安心することなく、慎重に信頼関係を構築しながら受診に結びつけなければならない。

(3) 入院直後の対応

入院直後のA氏は薬物療法の効果もあって、日中もほとんど眠って過ごしていた。カウンセラーは時折ベッドサイドで声をかけるにとどめ、本格的なカウンセリングはしばらく行わず、当面は休養を中心に様子を見ることにした。

一～二週すると、A氏の活動性が向上し始めたため、カウンセラーはベッドサイドでの雑談から診察室でのカウンセリングへと、少しずつ関わりを深めていった。

このころA氏は仏壇の世話をしたい、墓の掃除をしたい、早く職場に復帰したいと言って、退院を要求することが多くなった。カウンセリングを行なうたびに、A氏は悲しみ、焦り、そして自分への怒りを繰り返し訴え続けた。この時期カウンセラーは、A氏に対してそのような感情を自由に表現させてあげるように接した。カウンセリングの基本通り、A氏の感情を否定せず、しっかりと受け止めるようにした。カウンセラーは「そんなに焦ることはありません」と言うのではなく、「どうしても焦ってしまうのですね」

と、A氏が感じているままの感情を理解するように努めるのである。

このような関わり方には、非常に根気が必要であったが、A氏との信頼関係を構築するためには、絶対に必要な過程なのである。またこのようにA氏の感情を丁寧に受け止めようとすることで、A氏も少しずつ落ち着きを取り戻し、入院の継続を受け入れるようになったのである。またそれらの関わりを通じて、今後のA氏への援助計画を立てるためのアセスメントにも力を注いだ。具体的にはA氏本人と、入院時付き添ってくれた上司と同僚からの情報収集に努めた。

A氏は地方の貧しい農家に一人息子として生まれた。父親は早くに亡くなり、母親が女手ひとつで苦労してA氏を育て上げた。高校を卒業したA氏は単身上京して現在の会社に就職し、努力を重ねて現在の地位を築き上げてきた。二八歳のときに結婚したが夫婦仲はあまりよくなかったらしく、もめ事が絶えなかったと言う。三五歳の頃実家の母親がうつ病を発症し、その看病のために故郷と東京をたびたび往復することがあり、A氏夫婦にとってもかなりの負担になっていた。三九歳の頃A氏が母親との同居を切り出したことがきっかけで、妻との関係が壊れてしまい、結局、離婚することとなった。

その後A氏は、母親と同居することになったが、なかなか回復しない母親との同居に疲れを感じるようになった。母親は慢性的な抑うつ状態のなかで、A氏の離婚の原因が自分にあると感じ、何かにつけて自分を責め続けていた。A氏はそんな母親を哀れに思う反面、あまりに悲観的な言動に対して、時として怒りが込み上げることもあったと言う。精神科にはかかっていたが担当医との関係はあまり良好ではなかった。母親はもっといろいろと話を聴いてほしそうだったが、担当医は忙しいらしくほとんど話を聴いてくれなかった。

そして、母親は自宅で首を吊って亡くなってしまった。仕事を終えて自宅に帰ったA氏が、居間で首を吊っている母親を見つけたのだ。食卓の上に置かれた紙切れには、乱れた字でA氏の看病に対する感謝と、迷惑をかけて申し訳なかったという意味の遺書が残されていた。

このように私生活にはさまざまな問題を抱えたA氏であったが、会社での仕事は唯一自信と生き甲斐を感じることのできる対象であった。付き添いの上司と同僚の話によると会社でのA氏は生き生きとして、外回りの仕事を積極的にこなしていたと言う。得意先からの信頼も厚く、明るく社交的なA氏は付き合いも広かったらしい。元々酒好きだったA氏だが、それほど深酒をする人ではなかった。むしろ次の日の仕事に支障がないようにと、節度ある飲酒であったらしい。しかし母親が自殺してからというもの、ほとんど毎日、酒浸りの状態になり、朝からアルコール臭を漂わせて出勤することが増えてきた。上司が注意すると反省する様子も見られたが、二、三日すると再び同じようなことを繰り返すという状態だった。

この時期のアセスメントの結果、A氏には自殺未遂歴、近親者の自殺歴とそれによる喪失体験、抑うつ状態およびアルコールへの依存などの複数の自殺の危険因子が該当することがわかった。また、死別や離婚によって、サポートしてくれる身近な人が見当たらないという問題点もある。しかしながら職場での良好な人間関係や、仕事に対する強い意欲は、A氏を支えることができる唯一の援助資源として存在しているように思われた。

カウンセラーは、上記のような情報を収集しつつも、しっかりとした信頼関係を構築し、A氏が安心して感情を表現できるような雰囲気を作ることに努めた。当初は入院生活の窮屈さへの不満や、思ったように心身が回復しないことへの焦りから、「入院治療の意味が分からない」「早く職場に復帰して仕事をしたい」と訴えることが多かった。しかしカウンセリングを継続するうちに、徐々に自分の状態に気づき、内面の感情を表現するようになった。この頃A氏は、「自分の中に悲しみのあまり、何がなんだかわからなくなる部分と、気持ちを整理して先に進みたい気持ちがある。でも今は前者の方が大きい」と語っている。

入院直後のクライアントは、不安や焦りの気持ちから「やはり退院したい」と言い出すことが多い。入院の形態が本人の希望に基づく「任意入院」であることが多いので、最終的には本人の意思を尊重しなければならない。しかしその場合もカウンセラーは、複雑な感情をしっかり受け止めながら、クライアントが不安定な状態であることをクライアント自身に気づかせた上で、今はまだ休養が必要であるということを訴えていかなければならない。もちろん担当医の判断によって、医療保護入院に切り替えられる場合もあるが、いずれの場合もカウンセラーは、クライアントの複雑な感情を否定せず、理解しようとすることによって、クライアント自身がまだ休養が必要な状態であることに気づくように関わっていかなければならない。また、そうしたカウンセラーの努力が、苦境にあるクライアントとの信頼関係をより強いものにしていくのである。

(4) ポストベンション

五月

入院後一か月が経ち、A氏の状態は次第に落ち着きを見せ始めていた。カウンセラーによる関わりも二～三日に一回の定期的なカウンセリングが主になっていた。

この段階のカウンセリングでは、もっぱら母親を自殺で亡くしたことに対する、A氏の複雑な感情がテーマとして扱われた。A氏の自殺未遂の直接のきっかけは、母親の自殺による影響であったため、ここでのカウンセリングはポストベンションの意味合いも併せ持っていると思われた。そこでカウンセラーは、A氏の心身の状態をよく見きわめながら、負担にならない程度で、母親の自殺について振り返り、感情の整理を行うことにした。

身近な人を自殺で失った人は、複雑な感情に圧倒されて苦しむことが多い。カウンセラーはそのことを理解して、A氏の感情をひとつ一つ丁寧に理解するように努めた。まずA氏に対して身近な人を自殺で失うという体験は、強い衝撃を与えるということを説明した上で、「そのようなとき、単に悲しいだけでなく、自分を責めたり逆にホッとする気持ちがあったり、とても複雑な気持ちになるものですが、Aさんはいかがですか」と問いかけてみた。

A氏はしばらく考え込んだあと、「そういえばそんなことを考えていました」と自分の気持ちについて話し始めたのである。

A氏は母親が自殺したのは自分のせいであると感じていた。母親がうつ病で苦しんでいることに気づいていながら、自分自身のイライラをぶつけてしまったこともあった。母親の悲観的な話を聴いていると、哀れに思う反面どうしようもないイライラがこみ上げてきた。自分が離婚したのは決して母親のせいだけではないのに、いつもそのことに責任を感じて謝り続ける母親を見ているうちに、嫌味を言われているように感じるようになったというのである。

母親が自殺した時、A氏は自分が母親を殺したのだと思った。自分がもっと優しく接していれば、こんなことにはならなかったはずだと感じた。しかしその反面、母の看病から解放されたという思いもあって、そんなことを感じる自分は人間として最低な奴だと思うようになった。

A氏の中では母を失った悲しみ、母を救えなかった自分を責める気持ち、看病から解放された安堵感、そして自分への怒りなどの複数の感情が激しく渦巻いているようであった。A氏の感情はその時々で変化したり、相反する感情が同時に存在するという不安定な状態で、A氏自身も「いったい自分はどう感じているのかわからない」と言うほどであった。

カウンセラーはA氏が話す感情を否定せず、じっくりと理解するように努めた。そのことによって悲しみも自責感も、そして怒りもすべてがA氏の本当の気持ちであり、今はそれらが同時に存在していることも自然な状態なのだということに、A氏自身が気づいていったのである。さらにA氏が訴えている、不眠、頭痛、抑うつ感、不安焦燥感などの症状も、このような体験をした場合にはしばしば起こり得ることも伝えた。

継続的なカウンセリングの中で、自分の感情を自由に表現できることは、A氏の気持ちを軽くするのに役立ったようだ。しかし母親のうつ病を知りながら、自殺を防げなかったことに関する自責感は容易には整理できなかった。カウンセラーは客観的な理解として、死にたいという気持ちはうつ病の症状として現れるのであり、A氏の関わり方が自殺を引き起こしたわけではない、ということを伝えた。またA氏が、夫婦関係に問題を抱えた状態であったにもかかわらず、必死で母親を支えようと努力してきたことを心から認め、伝えていった。カウンセラーはこれらの理解を、A氏に押しつけるのではなく、専門家から見てそのように理解しているという客観的な意見として繰り返し伝えた。そしてこの複雑な感情や症状は、時間の経過とともに少しずつ軽減していくが、それにはある程度の時間が必要であると説明した。ただしその時間の過ごし方が問題であり、できるだけ安全な場所で安全な時間を過ごすことが必要である。そのような安全な環境の中で感情は整理されていくのであり、A氏にとっては入院治療という環境が最も望ましいということを伝えていった。

(5) 焦りへの対応

六月

六月に入ってA氏の状態はさらに安定してきたが、入院生活が長引いたこともあって、焦りの気持ちが見られるようになってきた。早く職場に復帰したい、もう大丈夫だという気持ちと、ひとりで生きていくことに対する不安感が激しくせめぎあっているようであった。A氏はよく「もう大丈夫だ、早く退院して復帰したい、でも時々ものすごく不安で寂しくなってしまう、もっとしっかりしなければいけない、それが母への供養になるんだから……」と言っていた。

そのように話すA氏の表情は不自然に硬く、そこからは不安を感じながらも退院を焦る気持ちが伝わってきた。この時期不安と焦りが同時に存在するのはむしろ当然の反応である。カウンセラーは「焦ってはいけない」と言うのではなく、「不安だけど焦ってしまうのですね、でもそれは当然だと思いますよ」と受け止めるようにした。そして不安や焦りは、A氏がなんとか社会復帰しようと努力しているからこそ生まれる気持ちであり、すでに十分頑張っていることを指摘した。

このようにカウンセラーは、A氏の肯定的な側面を伝え返しながら、「これ以上無理に頑張る必要はないのでは」と助言した。

またこの時期、社会復帰の準備段階として自宅への日帰りの外出を計画した。協力してもらえる親族はいなかったので、職場の同僚に協力してもらうことにした。同僚同伴での半日の外出とし、自宅で生活する感触を確認してきてもらうことにした。同僚に付き添われて外出しても、特に問題はなく、A氏にとっても久しぶりの我が家でのひとときとなったようである。

(6) 社会復帰支援

七月

病棟でのA氏は感情的にも落ち着き、不眠や頭痛などの症状もほぼ改善していた。治療の一環として行われるレクリエーション活動にも積極的に参加して、バレーボールやバドミントンなどを楽しんでいた。

カウンセラーは担当医とも相談し、段階的に社会復帰訓練を行うことにした。カウンセラーが社会復帰訓練についてA氏に説明すると、A氏も意欲を示したが多少不安そうな表情も見せた。カウンセラーは社会復帰訓練は段階的に行うこと、無理に挑戦するのではなく、できるところから始めていけばよいということを説明した。具体的な計画にあたっては、A氏と十分に話し合い、最初に試みるハードルはなるべく達成可能と判断できるものから始めていった。その結果、ひとり暮らしの自宅よりは、職場の方が落ち着くかもしれない、というA氏の意見を入れて、まずは入院したままで職場に顔を出すところから始めることにした。またその方が、職場復帰への意欲という援助資源を有効に使い、社会復帰の足がかりとして利用することができると考えた。

もちろん職場では責任ある仕事を行うわけにはいかないが、簡単な作業などを準備してもらえるように職場に調整することにした。上司にも来院してもらい、社会復帰訓練の趣旨について詳しく説明した。A氏の場合、職場のほとんどの人が、今回の事情を知っていたので、復帰訓練にあたって職場側で問題になることはないように思われた。

しかしながら上司は、出勤して来るA氏に対してどのように接すればよいのか、本当に大丈夫なのかといった不安を抱いていた。カウンセラーは上司に対して、この時期に周囲が不安を感じるのは当然であることを説明した。その上でA氏に対しては、腫れ物に触れるように接するのではなく、自然に接すれば良いことを伝えた。ただしA氏は心身ともにまだ不十分な状態なので、ごく軽めの作業からさせてみるように助言した。そして何か不安なことがあれば、いつでも病院に問い合わせて良いことを伝えた。その後A氏も交えて話し合った結果、社会復帰訓練は次のような計画で行うことになった。

第一週

出勤時間は午前一〇時から正午までの二時間のみとし、主に職場への往復と職場の雰囲気を確認する。職場では軽めの事務作業を行う。

第二週

出勤時間は午前八時から正午までとし、午前中いっぱいを職場で過ごしてみる。仕事は同様に軽作業を中心とする。

第三週

午前八時から午後五時まで終日出勤してみる。仕事は同様に軽作業を中心とする。

またこの間、週末等を利用して自宅への単独外出を行うこととした。

職場復帰訓練が開始され、A氏は元気に病棟から出勤していった。職場から帰って来るとカウンセラーがその日の様子を確認する。一週間が終わるとその週を振り返り、特に問題がなければ、翌週は次のステップに進むという方法をとった。第一週目の初めには、入院による体力の衰えを感じたようであったが、徐々に通勤にも慣れて、いつもの感覚を取り戻していった。第三週目の初日、病棟に戻ったA氏はかなり疲れた表情をしていた。カウンセラーが話を聴いてみると、やはり終日の勤務は疲れがたまるとのことであった。A氏はせっかくここまで来たんだし、職場のみんなにも迷惑をかけているので、頑張らなければいけないと、やや焦っているようであった。カウンセラーはそのようなA氏の気持ちを受け止めながらも、職場復帰訓練は無理に行うよりも、できるところから少しずつ進めていった方がかえって近道になることを説明した。結局A氏も納得した上で、第三週は午前八時から午後三時までの勤務とし、終日勤務は第四週に延期することにした。

週末を利用した単独外出では、久しぶりの自宅で掃除や洗濯など家事に追われていた。忙しく立ち働いているときは大丈夫だったが、一息ついたとたんに寂しさがこみ上げてきてたまらなくなった。外出から帰ったA氏はアルコール臭を漂わせていた。カウンセリングの中でA氏は、「家の中にひとりでいるとたまらなく寂しくなって来る、何もかも忘れたいと思って酒を飲んだが、これではいけないと思って一杯でやめました」と言った。カウンセラーはA氏が自分自身で感情をコントロールできつつあることを評価するとともに、安全なときを過ごすために「酒に頼らない悲しみとのつきあい方について、一緒に考えていきましょう」と提案した。また担当医も、アルコールに関する教育を行った。アルコールはうつ病を確実に悪化させること、また感情的に不安定になったとき衝動的な行為をとりやすくさせることなどがわかりやすく説明された。A氏自身も寂しさに圧倒されそうになったときに、アルコールが自殺への一線を越えさせる働きを持っていることに気づいたようであった。しかし、A氏にはこれと言って趣味がなかったので、一人で過ごす時間を持て余していた。A氏は趣味やスポーツなど、何か熱中できるようなものを見つけようと躍起になっていたが、そこには少し焦りの色が見えていた。カウンセラーはA氏に対して、今は無理に新しいことを始めようとせず、夜は早めに薬を飲んで、ゆっくり休んでしまう方がよいのではないかと助言した。また趣味やスポーツも、自然にやってみたいと思えるようなものを始める方が良いとも助言した。A氏も自分の焦りに気づいたようで、その後行われた単独での自宅外泊においても、アルコールに頼ることなく乗り越えることができたのである。

八月

一週間にわたる終日勤務での職場復帰と、自宅外泊を無事終了したA氏は、いよいよ職場復帰訓練の最終段階として、退院して自宅からの出勤を試してみることになった。A氏の立場はあくまでも病気休暇のままだが、最後の慣らし期間として日常通りの生活と通勤形態を試してみるのである。この段階は担当医やカウンセラーにとって、最も不安を感じる時期である。クライアントの状態が落ち着いているとはいえ、安全な病棟から刺激の多い日常に戻っていくと、いつまた希死念慮が再燃するかもしれないという不安がつきまとう。どれほど回復したクライアントであっても、完全に希死念慮が消滅することなどあり得ないのである。

A氏の退院にあたっては、薬の管理や断酒についても十分に確認したが、何よりも重視したのはA氏と医療スタッフとの関係性の確認であった。いくつもの危険因子が該当するA氏は、極めて自殺の危険性が高いケースであると言える。生死の境目で、A氏をこちら側につなぎ止めてくれるものが、ほとんど見当たらないのであった。もちろん職場復帰への強い意識や、同僚や上司の温かいサポートはその一つではあったが、その瞬間十分な役割を果たすとは思えなかった。A氏がたった一人で迎える夜、寂しさに圧倒されそうになったとき、なんとかその場をしのげるような強い援助資源が必要であった。

A氏と医療スタッフとの関係が、恒久的な援助資源になるはずもないが、いずれA氏が落ち着き、新たな援助資源を獲得していくまでの、つなぎになってくれればよいとカウンセラーは考えた。社会復帰の過程で希死念慮が再燃した場合、既遂に及んでしまう前に、病院に連絡してくれればなんとか危機をしのぐことができるはずである。死んでしまいたいほど混乱した状態で、クライアントのこころに治療者の姿が浮かび上がるかどうかが重要なのである。しかしながらそういった関係は、一朝一夕にできるわけではない。初診のときから時間をかけて徐々に築かれていくものである。クライアントが語る主観の世界を否定せず、いつも変わらない距離と態度で理解しようと努力する姿勢が必要なのである。

九月

退院したA氏は病気休暇も明けて、順調に職場復帰を果たしていた。外来への受診は当初は一週間に一回であったが、徐々に通院間隔をあけていった。カウンセラーはA氏から一週間の様子を聞き、その時々のA氏の状態を理解するように努めた。A氏の状態は、ほぼ落ち着いているように見えるが、母親の自殺からまだ一年もたっていない状況であり、完全な回復までにはまだまだ時間が必要であると思われた。

(7) まとめ

A氏は複数の危険因子が重なりあった、きわめて自殺の危険性が高い事例であると言える。単独の危険因子であれば、何らかの対策を立てることもできるが、複数の因子が絡み合う事例では容易ではない。このような場合、解決可能な問題から取り組むことは大切であるが、クライアントの焦りに巻き込まれないようにしなければならない。希死念慮の本質をよく理解した上で、まずはゆっくり休養をとり、心身の疲労を回復することが重要である。まずはクライアントの安全を確保した上で、カウンセラー自身もじっくり腰を据えてケースに向き合う必要がある。

第三章のまとめでも述べたように、自殺予防のカウンセリングは「生か死か」という、きわめて重大で取り返しのつかない意志決定過程を援助するカウンセリングである。しかしその意志決定は、希死念慮を生み出す異常な心理状態によってゆがめられている。本来クライアントの意志決定を尊重するはずのカウンセラーであっても、その意志決定がゆがめられているのならば、それを認めてしまってはならない。

自殺予防のカウンセリングは、決して新しい理論に基づくカウンセリングではなく、むしろきわめて伝統的なカウンセリングである。カウンセラーはクライアントの言葉と感情を、ひとつ一つ丁寧に受け止め理解していくという、カウンセリングの基本を

コラム10 カウンセラーのエネルギー

希死念慮と向き合う作業は、カウンセラーにも強いストレスを与えます。そこで、カウンセラーも同僚などと協力して自分自身のこころを健康に保つ工夫をしなければなりません。

　また、カウンセラーにとってより大きなエネルギーとなるのは、間違いなくクライアントからの肯定的なフィードバックです。死にたいほど苦しんだり、自殺未遂にまでおよんだクライアントが、問題を乗り越えて社会復帰を果たした時ほど嬉しいことはありません。肯定的なフィードバックは、言葉だけで伝えられるわけではありません。クライアントの表情や日常生活に関する報告などに触れて、まだまだ困難を抱えながらも、クライアントが自ら生きようとしていることそのものを、肯定的なフィードバックとして受け止めることができます。もちろん苦しんでいるクライアントにとっては、肯定的な受け止め方などできないかもしれないので、そのまま伝え返すわけではありません。

　しかしカウンセラー自身の中では、このように物事を肯定的に受け止める視点が必要だと思います。ストレスの多い仕事だからこそ、カウンセラー自身も否定的な側面だけでなく、肯定的な部分にもしっかり目を配る必要があります。そして肯定的なフィードバックはじっくりと味わい、そこから新しいエネルギーをもらうようにしましょう。

しっかりと行なえば良いのである。そこで用いられる技法は決して難しくはないが、クライアントと冷静に向き合うことは意外と難しい。なぜならクライアントの希死念慮に気づくと、カウンセラーでさえ動揺するのが当たり前だからである。しかしカウンセラーが動揺し、クライアントの混乱に巻き込まれてしまうと、目先の問題解決に目を奪われてしまうことになる。

事例の場合も、社会復帰を焦るA氏の感情に巻き込まれてしまうと、不安定な状態で職場復帰を急ぐことになってしまう。A氏の激しい感情に巻き込まれることなく、落ち着いてその感情を反映していくために、カウンセラーは希死念慮が発生する仕組みをよく理解しておかなければならない。その上で目先の問題解決を先送りし、まずは冷静な心理状態を取り戻すことができるように働きかけるのである。

最終的にA氏の場合は職場復帰への意欲と、同僚や上司のサポートが復帰の糸口になったが、すべての事例でこのようにうまく行くとは限らない。あまり職場に負担をかけすぎると、クライアントと職場との関係を、悪化させてしまいかねないので注意が必要である。どの事例もひとつとして全く同じものはなく、それぞれに独自性がある。カウンセラーは基本をよく理解した上で、最大限の効果が得られるように、柔軟な援助を工夫しなければならないのである。

あとがき

かつてないほどメンタルヘルスが注目されている昨今でも、自殺はやや特殊なテーマとして扱われることが多く、あまり取り上げられないのが現状である。その背景には、自殺というよくわからない現象に対する、誤解と恐怖感が隠されている。その結果私たちは、自殺という問題から目をそらしたり、不自然な解釈を加えようとするのである。

しかし自殺問題に関われば関わるほど、それが限られた人の特別な問題でなく、すべての人に関係する問題であることに気づかされる。人間である以上私たちはさまざまな悩みを抱えるし、そのことで深く傷つくこともある。精神科にかかっている人に限らず、私たちカウンセラーが向き合うクライアントもまた誰もが自殺の危険性を有している。例えばキャリアカウンセリングのように一見自殺と無関係に見えるカウンセリングでも、クライアントが抱える問題が自殺という結末に向かうことはある。

まずはカウンセラー自身が自殺を身近な問題としてとらえ、大切なクライアントを守るための努力を重ねる必要がある。

著者は精神科における臨床活動と、自殺のポストベンション活動を通して、数多くの自殺と自殺未遂のケースに関わってきた。そのほとんどのケースは覚悟の自殺などではなく、病的な心理状態の中で起きた自殺であった。こうしたケースに触れるたびに、自殺は防がなければならない、という思いが強くなるのである。

これまでに関わった数多くの事例が著者に、自殺予防に取り組むエネルギーを与えてくれた。まずはじめにそれぞれの事例の関係者の皆様にこころより感謝申し上げる。

本書の企画および編集に尽力してくださった駿河台出版社の石田和男氏に深謝する。そもそも石田氏からの企画が提案なければ本書は日の目を見なかったであろう。

二〇〇五年三月

著者を代表して
藤原　俊通

推薦図書（自殺予防とカウンセリングに関してさらに詳しく学びたい読者のために）

●アルヴァレズ、A.・早乙女忠・訳）『自殺の研究』（新潮選書、一九七四年）
●デュルケーム、E.・（宮島喬・訳）『自殺論』（中公文庫、一九八五年）
●ファイン、C.・（飛田野裕子・訳）『さよならも言わずに逝ったあなたへ—自殺が遺族に残すもの』（扶桑社、二〇〇〇年）
●樋口輝彦・編『うつ病／私の出会った患者さん』（日本評論社、一九九八年）
●菱山珠夫、村田信男・監修『メンタルケース・ハンドブック』（中央法規出版、一九九四年）
●自死遺児編集委員会、あしなが育英会・編『自殺って言えなかった』（サンマーク出版、二〇〇二年）
●上島国利・編『今日のうつ病治療』（金剛出版、一九九〇年）
●笠原嘉『軽症うつ病／「ゆううつ」の精神病理』（講談社、一九九六年）
●笠原嘉『精神病』（岩波新書、一九九八年）
●柏瀬宏隆『うつ病・躁病を治す』（保健同人社、一九九五年）
●川人博『過労自殺』（岩波新書、一九九八年）
●川人博・高橋祥友・編著『サラリーマンの自殺／今、予防のためにできること』（岩波ブックレット、一九九九年
●レスター、D.・（斉藤友紀雄・訳）『自殺予防Q&A』（川島書店、一九九五年）

●マルツバーガー、J.（高橋祥友・訳）『自殺の精神分析』（星和書店、一九九四年）
●ミッチェル、J.T.、エヴァリー、G.S.（高橋祥友・訳）『緊急事態ストレス・PTSD対応マニュアル』（金剛出版、二〇〇二年）
●中河原通夫『精神科医に一度は聞いてみたいこと』（弘文堂、一九九八年）
●日本精神神経科診療所協会・編『こころの健康案内／メンタルクリニックガイドブック』（中央法規、一九九八年）
●野村總一郎『「心の悩み」の精神医学』（PHP選書、一九九八年）
●野村總一郎『内科医のためのうつ病診療』（医学書院、一九九八年）
●大原健士郎『うつ病の時代』（講談社現代新書、一九八四年）
●大原健士郎『生きることと死ぬこと／人はなぜ自殺するのか』（朝日新聞社、一九九六年）
●大原健士郎『今日を生きる／心を癒し生きがいを創る』（大和書房、一九九六年）
●大野裕『「うつ」を生かす／うつ病の認知療法』（星和書店、一九九〇年）
●パンゲ、M.（竹内信夫・訳）『自死の日本史』（筑摩書房、一九八六年）
●リッチマン、J.（高橋祥友・訳）『自殺と家族』（金剛出版、一九九三年）
●新福尚武『一般臨床におけるデプレッション』（金原出版、一九七〇年）
●下園壮太『自殺の危機とカウンセリング』（金剛出版、二〇〇二年）
●高橋祥友『自殺の危険：臨床的評価と危機介入』（金剛出版、一九九二年）
●高橋祥友『自殺の心理学』（講談社、一九九七年）
●高橋祥友『群発自殺』（中央公論新社、一九九八年）
●高橋祥友『中高年とこころの危機』（NHKブックス、二〇〇〇年）
●高橋祥友『自殺のサインを読みとる』（講談社、二〇〇一年）

●高橋祥友『医療者が知っておきたい自殺のリスクマネジメント』（医学書院、二〇〇二年）
●高橋祥友『中高年自殺：その実態と予防のために』（筑摩書房、二〇〇三年）
●高橋祥友『自殺、そして遺された人々』（新興医学出版社、二〇〇三年）
●高橋祥友『自殺未遂』（講談社、二〇〇四年）
●高橋祥友、福間詳・編『自殺のポストベンション：遺された人々への心のケア』（医学書院、二〇〇四年）
●渡辺昌祐、光信克甫『プライマリケアのためのうつ病診療　Q&A』（金原出版、一九九七年）
●渡辺三枝子、エドウィン・L・『キャリアカウンセリング入門』（ナカニシヤ出版、二〇〇一年）
●渡辺三枝子『カウンセリング心理学』（ナカニシヤ出版、二〇〇二年）
●ワインバーグ・G・（高橋祥友・訳）『セラピストの仕事』（金剛出版、二〇〇一年）

【著者略歴】

藤原　俊通（ふじわら　としみち）

1989年、防衛大学校人文社会科学部管理学科卒業。2002年、筑波大学大学院修士課程（カウンセリングコース）修了。臨床心理士。同年より、自衛隊中央病院精神科心理幹部（カウンセラー）。著書：自殺のポストベンション（医学書院、共著）（第２～４章担当）

高橋　祥友（たかはし　よしとも）

1979年、金沢大学医学部卒業。1987～88年度フルブライト研究員（ＵＣＬＡ）。2002年より防衛医科大学校・防衛医学研究センター・行動科学研究部門・教授。医学博士、精神科医。著書：医療者が知っておきたい自殺のリスクマネジメント（医学書院）、自殺の危険（金剛出版）、自殺のサインを読みとる、自殺の心理学、自殺未遂（講談社）、群発自殺（中央公論新社）、自殺・そして遺された人々（新興医学出版社）他（第１章担当）

自殺予防カウンセリング

●――2008年７月10日　初版第２刷発行

著　者――藤原俊通　高橋祥友
発行者――井田洋二
発行所――株式会社　**駿河台出版社**
〒101-0062 東京都千代田区神田駿河台３－７
電話03(3291)1676番(代)／FAX03(3291)1675番
振替00190-3-56669
製版所――株式会社フォレスト

《21世紀カウンセリング叢書》
［監修］伊藤隆二・橋口英俊・春日喬・小田晋

キャリアカウンセリング
宮城まり子

近年厳しい経済状況に見舞われている個人、企業、組織はキャリアカウンセラーの支援を切実に求めている。本書はキャリア自身の本格的なサポートをするために書き下された。

本体1700円

実存カウンセリング
永田勝太郎

フランクルにより提唱された実存カウンセリングは人間の精神における人間固有の人間性、責任を伴う自由を行使させ、運命や宿命に抵抗する自由を自覚させ、そこから患者独自の意味を見出させようとするものである。

本体1600円

ADHD（注意欠陥／多動性障害）
町沢 静夫

最近の未成年者の犯罪で注目されているADHDについて、90年代以後の内外の研究成果をもとにADHDとは何かにせまる。そして、この病気にいかに対処するか指針を示してくれる。

本体1600円

芸術カウンセリング
近喰ふじ子

芸術カウンセリングとは言語を中心とした心理療法を基本に芸術（絵画、コラージュ、詩、歌）を介したアプローチをしてゆく心理療法のことである。

本体1600円

産業カウンセリング
石田 邦雄

産業カウンセリングは運動指導・心理相談・栄養指導・保健指導などの専門スタッフが協力して働く人の心身両面からの健康保持増進を図ろうとするものである。

本体1600円

PTSD ポスト・トラウマティック・カウンセリング
久留 一郎

トラウマとは瞬間冷凍された体験だ。それを癒すには凍りついた体験を解凍し、従来の認知的枠組みの中に消化吸収してゆくことだ。

本体1700円

構成的グループ・エンカウンター

片野智治

いろいろな集中的グループ体験のことである。他者とのふれあいを通してある特定の感情、思考、行動のとらわれなどから自分自身を解放し、人間的成長を目標としているのである

本体1700円

家族療法的カウンセリング

亀口憲治

家族を単に個人の寄せ集めと考えない。むしろ複数の家族成員と同席で面接を行うことによって、互いの関係を直接確認できる。その結果、家族関係をひとつのまとまりのある「心理系」として理解する見方が定着、その見方を基にして、問題の解決へ向けた具体的な援助技法が生み出されてきた。

本体1800円

間主観カウンセリング

伊藤隆二

本書は長年臨床心理学にたずさわってきた著者が身をもって体験してきた結果得た知識を基にして、現代心理学のゆきづまりを打破すべく鋭くその欠点を批判し、その結果、新たな心理学の確立をめざそうとする意欲的な心理学書である。

本体1800円

人生福祉カウンセリング

杉本一義

カウンセラーと、クライアントは一つの出会いによって人生の道連れとなり、共に歩いてゆくのである。本書は、人間が人間として生きる上で最も重要な人間性の活性化と充足を助ける幸福援助学である。

本体1900円

ZEN心理療法

安藤治

この療法は科学的、合理的、論理的検討の潜りぬけ、もはや宗教的修行ではない、日常生活のなかに「気づき」の機会を自分にあたえることができよう。

本体1900円

自殺予防カウンセリング

藤原俊通
高橋祥友

絶望的な感情を誰かに打ち明けようとしている「孤独の魂の叫び」を受け止められれば自殺予防が可能なのです。

本体1700円